지방·독소 급찐급빠 샐러드 다이어트

3DAYS
디톡스 다이어트

정세련 지음

지방·독소 급찐급빠 샐러드 다이어트
3 DAYS
디톡스 다이어트

초판 1쇄 발행 · 2023년 6월 29일
초판 4쇄 발행 · 2024년 11월 19일

지은이 · 정세련

발행인 · 우현진
발행처 · 용감한 까치
출판사 등록일 · 2017년 4월 25일
팩스 · 02)6008-8266
홈페이지 · www.bravekkachi.co.kr
이메일 · aoqnf@naver.com

기획 및 책임편집 · 우혜진
마케팅 · 리자
촬영 진행 · 김지영(세서미) **사진** · 김연제(세서미) **푸드 스타일링** · 이하영(스튜디오 이레)
디자인 · 죠스 **교정교열** · 이정현
CTP 출력 및 인쇄 · **제본** · 이든미디어

- 잘못된 책은 구입한 서점에서 바꿔드립니다.
- 이 책에 실린 모든 내용, 디자인, 이미지, 편집 구성의 저작권은 도서출판 용감한 까치와 지은이에게 있습니다. 허락 없이 복제하거나 다른 매체에 옮겨 실을 수 없습니다.

ISBN 979-11-91994-16-2(13590)

ⓒ 정세련
정가 19,800원

감성의 키움, 감정의 돌봄 용감한 까치 출판사

용감한 까치는 콘텐츠의 樂을 지향하며 일상 속 판타지를 응원합니다. 사람의 감성을 키우고 마음을 돌봐주는 다양한 즐거움과 재미를 위한 콘텐츠를 연구합니다. 우리의 오늘이 답답하지 않기를 기대하며 뻥 뚫리는 즐거움이 가득한 공감 콘텐츠를 만들어갑니다. 아날로그와 디지털의 기발한 콘텐츠 커넥션을 추구하며 활자에 기대어 위안을 얻을 수 있기를 바랍니다. 나를 가장 잘 아는 콘텐츠, 까치의 반가운 소식을 만나보세요!

세상에서 가장 용감한 고양이 '까치'

동물 병원 블랙리스트 까치. 예쁘다고 만지는 사람들 손을 마구 물고 할퀴며 사나운 행동을 일삼아 못된 고양이로 소문이 났지만, 사실 까치는 누구보다도 사람들을 사랑하는 고양이예요. 사람들과 친해지고 싶은 마음에 주위를 뱅뱅 맴돌지만, 정작 손이 다가오는 순간에는 너무 무서워 할퀴고 보는 까치.

그러던 어느 날, 사람들에게 미움만 받고 혼자 울고 있는 까치에게 한 아저씨가 다가와 손을 내밀었어요. "만져도 되겠니?"라는 말과 함께 천천히 기다려준 그 아저씨는 "인생은 가까이에서 보면 비극이지만, 멀리서 보면 코미디란다"라는 말만 남기고 횡하니 가버리는 게 아니겠어요?

울고 있던 겁 많은 고양이 까치는 아저씨 말에 마지막으로 한 번 더 용기를 내보기로 했어요. 용기를 내 '용감'하게 사람들에게 다가가 마음을 표현하기로 결심했죠. 그래도 아직은 무서우니까, 용기를 잃지 않기 위해 아저씨가 입던 옷과 똑같은 옷을 입고 길을 나섭니다. '인생은 코미디'라는 말처럼, 사람들에게 코미디 같은 뻥 뚫리는 즐거움을 줄 수 있는 뚫어뻥 마법 지팡이와 함께 말이죠.

과연 겁 많은 고양이 까치는 세상에서 가장 용감한 고양이가 될 수 있을까요? 세상에서 가장 용감한 고양이 까치의 여행을 함께 응원해주세요!

〔PROLOGUE〕

63kg에서 48kg으로
임신 전 몸매로
돌아오기까지

식단과 운동으로 꾸준히 다져온 몸매가 출산을 한 후 완전히 달라졌어요. 임신 전 11자 복근을 꽤 오래 유지했던 저의 배는 난생처음 보는 다른 사람의 배가 되어 있었습니다. 급작스러운 신체 변화가 당황스러웠지만, 스트레스받기보다 산후 100일까지는 아기를 잘 케어하고, 산후 회복에 집중하자는 생각으로 모유 수유를 하며 잘 챙겨 먹으려고 노력했습니다.

그런데 출산한 지 3개월이 넘어가는데도 배가 들어가지 않자 점점 조급해지기 시작하더라고요. 아기를 낳았는데도 임신 5~6개월처럼 나와 있는 데다, 바람 빠진 풍선처럼 쭈글쭈글 탄력이 없는 배를 볼 때마다 '다시 예전처럼 돌아갈 수 있을까?'라는 생각이 들었어요. 온라인상으로 다이어트, 몸매 관리로 많은 사람과 소통하는 운동 크리에이터이기에 조급함이 더 심했던 것 같아요.

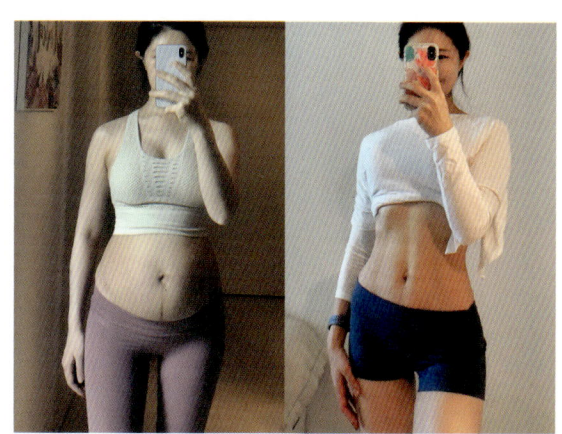

출산 후 3개월(2022년) → 현재(2023년)

그래서 100일 이후부터 몸에 무리를 주지 않는 선에서 하루도 빠지지 않고 매일 1시간씩 유산소 운동(걷기)을 했고, 산후 요가와 스트레칭을 생활화했습니다. 출산 후 5개월부터 모유 수유를 끊으면서 식단 관리가 가능해졌고, 그때부터 임신 전에 했던 것처럼 근력 운동과 디톡스 식단을 본격적으로 시작했습니다.

저는 평소 가짜 식욕도 심하고, 식후 디저트도 굉장히 좋아하는 편이에요. 그래서 일부러 과자, 아이스크림 같은 달콤한 간식은 아예 사두지 않고, 대신 냉장고를 건강한 식재료로 가득 채웠어요. 배고픈 걸 잘 못 참는 성격이라 배부르게 먹지 않으면 간식을 찾는 걸 누구보다 잘 알기 때문에 한 끼를 먹더라도 건강한 식재료로 배부르게 먹을 수 있게 식단을 구성했고, 간헐적 단식도 병행했습니다. 간헐적 단식을 하면 신진대사를 촉진하고 체중 감량 효과를 보다 빨리 볼 수 있기 때문에, 신생아를 돌보는 스케줄을 감안해 저녁 식사 후 야식을 먹지 않고, 다음 날 첫 끼까지 최소 12시간 공복을 유지하는 저만의 루틴을 만들어 꾸준히 실천했어요.

모유 수유가 끝나면 임신과 수유 기간 먹지 못했던
자극적인 음식이 당기기도 하는데,
그런 유혹이 들 때마다 제 배를 보며 마음을 다잡았습니다.

그렇게 운동+디톡스 식단+간헐적 단식을 꾸준히 했더니
2개월 만에 임신 전 몸무게까지 감량했고
(63kg → 48kg, 15kg 감량)
3개월이 되자 원래 몸매로
완벽하게 돌아갈 수 있었어요.

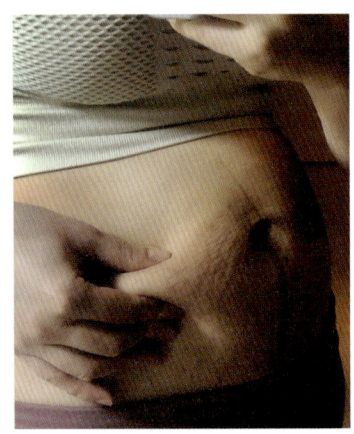 

63kg → 48kg

다이어트의
8할은
식단인 것
같아요.

 인스턴트, 배달 음식 등 자극적인 음식으로 끼니를 때우거나, 무리한 단식과 과식을 하는 등 식생활을 소홀히 하면 운동을 아무리 열심히 하더라도 장기적으로는 건강한 다이어트에 성공하기 어려워요.

 이 책에서 소개해드리는 디톡스 프로그램은 집에서 직접 만들어 먹는 게 막막하게 느껴지시는 분들을 위해 조리하기 편한 시판 제품을 최대한 활용했어요.

 레시피에 쓰인 제품 그대로 구매해서 따라 하면 되기 때문에 누구나 쉽게 만들 수 있어요.

 처음부터 무리하지 말고, 하루 한 끼씩 만들어 먹는 습관을 들이다가, 익숙해지면 점차 횟수를 늘리면서 기간도 3일에서 5일로 늘려보세요.

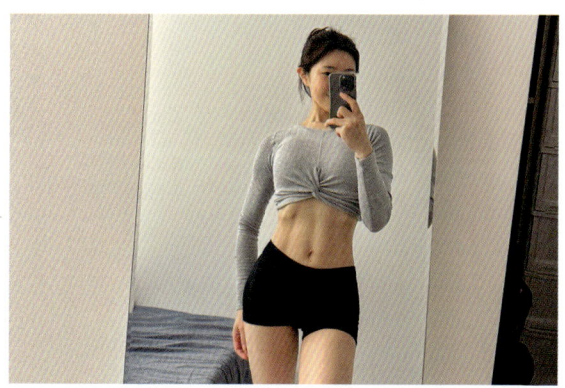

처음엔 어렵게 느껴질 수 있지만, 습관으로 자리 잡으면 어느새 건강하게 먹는 습관이 일상이 되고, 그러다 보면 몸이 가벼워지고, 일상에 활력이 생길 거예요. 그리고 장기적으로는 먹고 싶은 것을 먹으면서도 몸매를 잘 유지하는 사람이 되어 있을 겁니다.

그럼 제가 안내해드리는 디톡스 프로그램을 통해 식단을 리셋하고, 운동을 병행해서 몸도 마음도 더 건강해지시길 진심으로 응원할게요!

이런 분께 추천해요!
요요 없이 건강하게 살 빼고 싶으신 분
다이어트 식단을 어떻게 짜야 할지 모르시는 분
여유가 없어 간편하게 건강한 한 끼를 드시고 싶은 분
만성피로로 체내 독소를 배출하고 싶으신 분
과잉 영양으로 몸이 무겁게 느껴지시는 분
몸도 마음도 건강해지고 싶으신 분

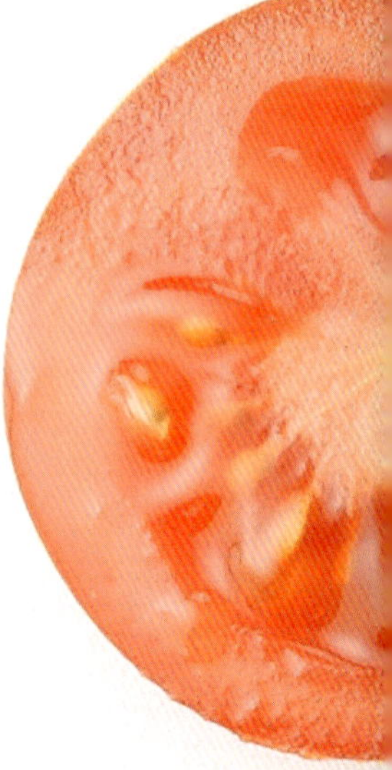

알록달록한 컬러 채소가 듬뿍 담긴
싱그러운 샐러드를 보면
눈도 즐겁고, 건강해지는 듯한 느낌이 들어
긍정 에너지가 생겨요.
채소는 의식적으로 챙겨 먹지 않으면
필요한 1일 섬유소 양이 부족할 수 있어요.
천연 식욕 억제제인 채소는 식후 혈당이
급격히 높아지는 것을 막고, 장내 환경을 개선해
다이어트와 노화 방지에 도움을 주니
매 끼니 잘 챙겨 먹어야겠죠?

[NOTES]

본 책은 기존의 나쁜 식습관을 버리고 새롭게 디톡스를 실천하려는 분들이라면
누구나 쉽게 접근할 수 있는 가벼운 샐러드 레시피로 구성되어 있습니다.

· 부담 없이 시작하기 좋은 3일, 5일 프로그램으로 구성되어 있어요.

· 하루 두 끼를 디톡스 식단으로 하는 것으로 구성되어 있으나, 처음에는 하루 한 끼만 디톡스 식단으로 시작한 후, 익숙해지면 횟수와 기간을 늘리는 것을 추천합니다. 처음부터 무리하면 과식과 폭식의 원인이 됩니다.

· 프로그램별 식단은 물론, 집에서 쉽게 따라 할 수 있는 홈트레이닝 동작도 함께 구성했어요. 함께 하면 디톡스 효과는 2배(홈트레이닝 설명 페이지의 그림은 이해를 돕기 위한 것으로, 실제 동작과 차이가 있을 수 있습니다. 정확한 동작을 위해 각각의 동작 설명을 반드시 꼼꼼하게 확인해주세요.)!

· 다이어트 식단이 어려운 분들을 위해 시판 제품을 최대한 활용했어요. 장바구니 페이지에 기재된 제품을 그대로 구매해서 따라 만들기만 하면 됩니다.

· 모든 레시피는 1인분 기준입니다(2~3인분일 경우, 별도 표기).

· 샐러드에 곁들이는 드레싱은 건강한 재료로 직접 만들 수 있게 레시피를 함께 기재했어요.

· 성공적인 디톡스를 위해 디톡스 기간에는 가급적 야식, 술, 튀긴 음식, 당이 들어간 음료는 피하고, 충분한 숙면을 취해주세요. 개인의 체질, 건강 상태, 식단 및 운동 상황에 따라 디톡스 효과가 달라질 수 있습니다.

· 본 도서는 저자의 개인적 경험을 바탕으로 쓴 다이어트 식단 책으로, 의학 도서가 아님을 밝힙니다.

[PROLOGUE]

004 63kg에서 48kg으로
임신 전 몸매로 돌아오기까지

[BASIC]

디톡스 샐러드의 기본

018	계량법
019	재료 썰기
020	샐러드 채소 잘 고르는 방법
022	남은 식재료 잘 보관하는 TIP
023	탄단지 균형 잡힌 나만의 디톡스 샐러드 만들기
026	자투리 채소 활용 레시피
027	다이어트에 도움되는 '찐' 아이템
028	집에서 만드는 디톡스 주스
030	삶의 질이 달라지는 아침 / 저녁 스트레칭

3days

part 1 3일 디톡스 다이어트

프로그램 ❶ 출렁이는 뱃살 타파

1일	브로콜리 들깨 가루 알새우 샐러드 P.042
	양배추 닭 가슴살 샐러드 P.044
2일	바나나 오트밀 샐러드 P.046
	그릴 두부 샐러드 P.048
3일	시금치 달걀 토마토 샐러드 P.050
	구운 버섯 샐러드 P.052

프로그램 ❷ 코끼리 다리 부종 제거

1일	단호박 샐러드 P.058
	병아리콩 샐러드 P.060
2일	양배추 콘 샐러드 P.062
	오이 참치 샐러드 P.064
3일	아스파라거스 토마토 샐러드 P.066
	들깨 연근 샐러드 P.068

프로그램 ❸ 허리 라인을 날씬하게

1일	무 양배추 참치 샐러드 P.074
	파프리카 새우 샐러드 P.076
2일	당근라페 샐러드 샌드위치 P.078
	오이 닭 가슴살 샐러드 P.080
3일	아스파라거스 달걀 토마토 샐러드 P.082
	양상추 웨지 샐러드 P.084

프로그램 ❹ 숨겨졌던 턱 선 찾기

1일	구운 바나나 치킨 스테이크 샐러드 P.090
	감자 샐러드 P.092
2일	완두콩 콥 샐러드 P.094
	토마토 카프레제 샐러드 P.096
3일	애호박 샐러드 P.098
	다시마 면 비빔국수 P.100

프로그램 ❺ 칙칙한 피부 톤을 생기 있게

1일	시금치 페스토 파스타 샐러드 P.106
	키위 부라타 치즈샐러드 P.108
2일	아보카도 두부 면 샐러드 P.110
	한라봉 리코타 치즈 샐러드 P.112
3일	파프리카 어니언 닭 안심살 샐러드 P.114
	딸기 두부 크림치즈 샐러드 P.116

part 2   5일 디톡스 다이어트

프로그램 ❶ 체지방 확 빼주는 식단

1일	상추 닭 가슴살 큐브 샐러드 P.130
	에그마요 통밀 샌드위치 P.132
2일	그릴 어니언 치킨 샐러드 P.134
	사과 고구마 샐러드 P.136
3일	사과 식초 그린 샐러드 P.138
	연어 아보카도 샐러드 P.140
4일	양배추 사과 샐러드 P.142
	아보카도 튜나 샐러드 P.144
5일	키노아 채소 샐러드 P.146
	중국식 오이 샐러드 P.148

프로그램 ❷ 허리둘레 1인치 감소 식단

1일	두부 달걀 볶음밥 샐러드 P.154
	브로콜리 사과 샐러드 P.156
2일	팽이버섯 오트밀죽 P.158
	배 피칸 샐러드 P.160
3일	콩나물 샐러드 P.162
	서리태 후무스 샐러드 P.164
4일	양배추 닭고기 만두 P.166
	알리오올리오 미역 면 파스타 P.168
5일	두부 참치 스테이크 샐러드 P.170
	연어 포케 샐러드 P.172

프로그램 ❸ 혈액을 맑게, 세포를 젊게

1일	문어 감자 샐러드 P.178
	두부 통곡물 샐러드 P.180
2일	가지밥 웜 샐러드 P.182
	닭 가슴살 통밀 토르티야 샐러드 P.184
3일	구운 오리고기 메밀 면 샐러드 P.186
	프랑스식 렌틸콩 치킨 샐러드 P.188
4일	토마토 푸실리 냉파스타 샐러드 P.190
	파프리카 소고기 곤약밥 P.192
5일	타이 누들 곤약 면 샐러드 P.194
	양배추 스테이크 P.196

프로그램 ❹ 최대 체중 감량, 최소 근 손실

1일	스크램블드에그 맛살 유부초밥 P.202
	토마토 두부 면 파스타 샐러드 P.204
2일	고소한 병아리콩 샐러드 P.206
	다이어트 버전 들기름 막국수 P.208
3일	단백질 폭탄 오징어 샐러드 P.210
	살치살 스테이크 샐러드 P.212
4일	그린빈 닭 가슴살 샐러드 P.214
	닭 다리살 스테이크 샐러드 P.216
5일	다이어트 식단 면 후토마키 P.218
	닭 가슴살 브로콜리 통밀 파스타 P.220

프로그램 ❺ 면역력 UP! 일상 활력 식단

1일	뿌리채소 그린 샐러드 P.226
	청경채 부챗살 두부 샐러드 P.228
2일	자숙 문어 샐러드 P.230
	목살 스테이크 샐러드 P.232
3일	트리플 베리 샐러드 P.234
	오리고기 단호박찜 P.236
4일	소고기 안심 버섯 샐러드 P.238
	라타투이 샐러드 P.240
5일	파프리카 불고기 샐러드 P.242
	고소한 들깨 두부 불고기 샐러드 P.244

5days

① 계량법

· 1큰술(1T) = 15㎖
· 1작은술(1t) = 5㎖ / 약간

② 재료 썰기

총총 썰기 고추 등의 재료를 동그랗고 얇게 써는 방법.

십자 썰기 감자, 고구마, 가지 같은 둥근 재료를 세로로 한번 썰고, 가로로 한번 더 써는 방법.

채썰기 당근, 오이 등 채소를 5~6㎝ 길이로 썬 후 가늘게 써는 방법. 주로 생채, 라페 등에 사용.

어슷썰기 가늘고 긴 재료를 사선으로 비스듬하게 써는 방법.

반달썰기 원형 채소를 세로로 썬 후 반달 모양으로 써는 방법. 주로 볶음 요리에 활용.

네모 썰기 감자, 당근 등의 재료를 가로세로 1~2㎝의 정사각형으로 써는 방법. 주로 카레, 볶음밥에 활용.

돌려 깎기 오이, 파프리카 같은 재료를 속은 빼고 겉껍질만 활용하는 방법.

다지기 파, 마늘, 당근 등을 가늘게 채 썰어서 작게 조각내는 방법.

나박 썰기 무, 감자 등의 재료를 정사각형 또는 직사각형으로 얄팍하게 잘라내는 방법. 주로 국에 활용.

채썰기

편 썰기 마늘, 양파 등을 모양 그대로 얇게 편으로 썰어내는 방법.

③ 샐러드 채소 잘 고르는 방법

1) 잎채소
- **양상추** 잎이 윤기가 흐르고 밝은 연두색을 띠는지, 갈변되지 않았는지 확인
- **양배추** 겉면이 녹색이고 심의 단면이 싱싱하며, 무거운 것이 좋음
- **상추** 색이 선명하고 잎이 연하면서 도톰한 것이 좋음
- **로메인 상추** 색이 선명하고 잎이 점 없이 깨끗하며, 도톰한 것이 좋음
- **시금치** 잎이 두껍고 진한 녹색을 띠는 것이 좋음 *뿌리는 붉고 선명한 색을 띠는 것
- **그린빈** 껍질이 선명한 초록색이고 줄기와 밑동이 시들지 않았는지 확인

2) 뿌리채소

- **고구마** 잔뿌리가 많고 겉면이 쭈글쭈글한 것은 피할 것
- **감자** 싹이 나거나 푸른빛을 띠는 것은 피하고, 흠집이 적고 매끄러운 것이 좋음
- **당근** 색이 선명하고 뿌리의 털구멍이 깊거나 갈라지지 않은 것이 좋음
- **무** 겉면이 하얗고 매끄러우며, 단단하고 무거운 것이 좋음
- **양파** 무르지 않고 단단하고 껍질이 선명하며, 무거운 것이 좋음
- **마늘** 통마늘은 껍질이 얇고 잘 마른 것, 깐 마늘은 흠집이 없고 연노란빛을 띠는 것이 좋음

3) 새싹 채소

- **콩나물** 전체적으로 통통하고 머리가 노란색을 띠며, 검은 반점이 없는 것이 좋음
- **숙주** 뿌리가 단단하고 잔뿌리가 없으며, 손으로 눌렀을 때 물기가 배어 나오는 것이 좋음

※ 길이가 5㎝를 넘지 않고 누렇게 변색된 것은 피할 것

4) 과채류

- **딸기** 과육이 통통하고 색이 선명하며, 무르지 않은 것이 좋음
- **방울토마토** 만져봤을 때 단단해서 속이 차 있고 꼭지가 싱싱한 것이 좋음
- **바나나** 바로 먹는다면 껍질에 검은 반점이 있는 것이 당도가 높으며, 꼭지가 짧고 굵은 것이 좋음
- **사과** 단단하고 꼭지가 싱싱한 것이 좋고 껍질에 노란 점이 많은 것이 햇빛을 많이 받은 것이라 당도와 영양가가 높음
- **아보카도** 만졌을 때 딱딱하지 않고 부드러우며, 녹색이 짙고 갈색에 가까운 것이 잘 익은 것이고 지나치게 물컹거리지 않는 것이 좋음
- **배** 껍질이 맑고 투명한 노란빛을 띠는 것이 좋고 과육이 크고 반점이 선명할수록 당도가 높음
- **애호박** 표면이 고르고 흠집이 없으며, 꼭지가 싱싱한 것이 좋음
- **오이** 껍질 색깔이 전반적으로 고르고, 위아래 굵기가 동일한 것이 좋음
- **가지** 검은색에 가까운 짙은 보라색을 띠고 흠집이 없으며, 꼭지가 싱싱한 것이 좋음

④ 남은 식재료 잘 보관하는 TIP

- **양배추** 칼로 반으로 자르지 않고 겉잎만 제거한 후 랩으로 싸서 통으로 냉장 보관
- **양상추** 세척 후 물기를 제거해 위아래에 키친타월을 깐 밀폐 용기에 담아 보관
- **방울토마토** 세척 후 물기를 제거하고 꼭지를 제거해 위아래에 키친타월을 깐 밀폐 용기에 담아 보관
- **대파** 세척 후 뿌리를 잘라내고 흰 대와 초록 잎으로 나눠 자른 후 지퍼 백에 각각 넣어 냉동 보관
- **두부** 밀폐 용기에 두부가 잠길 정도의 물을 붓고 소금 1큰술을 넣고 녹인 후 두부를 담으면 소금이 미생물의 번식을 막아 좀 더 오래 보관 가능
- **고구마** 표면을 잘 말린 후 종이로 싸서 서늘하고 그늘진 곳에 보관
- **양파** 깐 양파는 랩으로 하나씩 싼 후 비닐 봉지에 넣어 보관
- **버섯** 물이 묻지 않은 상태 그대로 랩으로 싸서 채소 칸에 보관
- **애호박** 자른 단면이 물러지기 쉬우니 키친타월로 감싸고 랩이나 지퍼 백으로 밀봉해서 보관
- **무** 위에 돋아난 잎을 자른 후 채소 칸에 넣어 보관
- **오이** 겉면이 빨리 시들 수 있기 때문에 신문지로 감싸 채소 칸에 보관
  *꼭지가 위로 오도록 세워 보관하면 신선함이 더 오래감
- **사과** 다른 과일과 함께 보관하면 다른 과일이 쉽게 숙성되므로 봉지에 넣어 분리 보관
- **배** 구입 즉시 랩으로 하나씩 싸서 냉장고 과일 칸에 분리 보관
- **바나나** 하나씩 떼서 꼭지를 랩으로 싸면 좀 더 오래 보관 가능

⑤ 탄단지 균형 잡힌 나만의 디톡스 샐러드 만들기

탄수화물, 단백질, 지방이 골고루 균형 잡힌 식단은 요요 없이 꾸준한 다이어트를 가능하게 하는 첫걸음입니다. 그리고 모든 끼니에 푸른 채소를 양손 가득 넣어 비타민과 무기질까지 잘 챙긴다면 5대 영양소가 빠짐없이 포함된 밸런스 있는 건강 식단을 구성할 수 있어요. 다이어트를 할 경우 일반적인 탄단지 비율은 4:4:2 혹은 5:3:2 정도로 맞추면 좋습니다.

- **탄수화물** 통밀빵, 현미밥, 고구마, 단호박, 옥수수, 그래놀라 등
- **단백질** 육류, 해산물, 달걀, 두부, 콩류, 그릭 요거트 등
- **지방** 견과류, 치즈, 아보카도, 등 푸른 생선, 엑스트라 버진 올리브유 등

⑥ 자투리 채소 활용 레시피

샐러드를 만든 후 애매하게 남은 채소는 다른 요리에 활용해보세요.
샌드위치, 김밥, 볶음밥, 구운 채소 칩, 주스 등
매우 다양한 요리를 만들 수 있어요.

샌드위치 식빵, 치아바타 등 빵이 있다면 남은 채소를 활용해 샌드위치를 만들어보세요. 닭 가슴살, 소불고기, 새우, 참치 등을 주재료로 사용해 채소와 함께 포만감 있는 한 끼를 완성해보세요.
추천 재료 당근, 오이, 상추, 양배추, 토마토, 적양파

김밥 김밥 김에 남은 채소를 채 썰어 올린 후 현미밥을 넣어 돌돌 말아 김밥을 만들어보세요. 초간단 맛있는 한 끼가 완성됩니다.
추천 재료 당근, 오이, 맛살, 우엉, 깻잎

볶음밥 재료가 애매하게 남았다면 식은 밥과 자투리 채소를 모두 팬에 담고 간장으로 살짝 간해서 볶아보세요. 고슬고슬하고 맛있는 볶음밥이 완성됩니다.
추천 재료 감자, 당근, 양파, 버섯, 파프리카

구운 채소 칩 자투리 채소를 같은 크기로 잘라 비닐 봉지에 넣고 올리브유와 소금, 후춧가루로 간한 후, 봉투 입구를 잡고 흔들면 양념이 잘 뱁니다. 에어 프라이어나 오븐에 담아 180℃에서 15~20분간 돌려주세요. 중간에 한번 뒤집어주면 좋아요.
추천 재료 애호박, 가지, 토마토, 파프리카, 마늘

디톡스 주스 몸이 무겁게 느껴질 땐 남은 채소를 활용해서 디톡스 주스를 만들어 먹어보세요. 주스를 만들 때는 식이 섬유가 많은 껍질째 통째로 가는 게 좋습니다.
추천 재료 사과+비트+당근 / 케일+파인애플+바나나 / 사과+오이+레몬

⑦ 다이어트에 도움되는 '찐' 아이템

애플 사이다 비니거 기상 직후 공복에 따뜻한 물에 애플 사이다 비니거를 1큰술 타서 마시면 체지방 감량 및 체내 독소 배출 효과가 있어요. 꾸준히 먹으면 피부도 더욱 환해지고 변비도 없어진답니다. * 추천 시판 제품 : [비비베르데] 100% 유기농 사과 식초

[비비베르데]
100% 유기농
사과 식초

알룰로스 다이어트할 때 항상 '당'에 대한 갈증이 있었는데, 설탕이 아닌 대체당을 이용해서 보다 맛있게 식단을 관리할 수 있었던 것 같아요. 특히 샐러드 드레싱을 만들 때 알룰로스를 1큰술 정도 추가하면 시중에 판매하는 소스와 맛은 거의 비슷하지만 칼로리는 절반이 채 되지 않아 부담 없이 먹을 수 있어요. * 추천 시판 제품 : [마이노멀] 알룰로스

식단 면/두부 면 다이어트할 때 면을 먹기 부담스러운데, 칼로리는 낮고 단백질 함량은 높은 식단 면과 두부 면이 있어서 언제나 든든했어요. 식단 면은 밀가루 면과 식감이 거의 비슷하고 부드러워서 들기름 막국수를 즐겨 해 먹었고, 두부 면은 100% 토마토소스를 활용해 토마토 파스타를 자주 해 먹었어요. * 추천 시판 제품 : [단백질 제면소] 식단 면 생면, [풀무원] 두부 면

[마이비밀]
현미여주곤약밥

토마토소스 시중에서 일반적으로 쉽게 볼 수 있는 토마토소스는 맛은 있지만 첨가물이 들어가고 당 함유량이 높아 다이어트할 때는 추천하지 않아요. 저는 토마토만 들어 있는 소스를 구입해서 요리하는데, 토마토의 진한 감칠맛을 느낄 수 있을 뿐만 아니라, 간을 취향대로 조절할 수 있어 건강한 식사를 하게 된답니다. * 추천 시판 제품 : [포미] 토마토소스

[포미]
토마토소스

곤약밥 다이어트할 때 혈당을 천천히 올리는 복합 탄수화물을 섭취하는 것이 중요한데, 곤약밥은 일반 밥에 비해 칼로리가 낮을 뿐만 아니라, 식이 섬유가 풍부해서 포만감이 오래가요. 시간 여유가 없을 때 즉석밥으로 챙겨 먹으니 간편하게 먹기 좋아요.
* 추천 시판 제품 : [마이비밀] 현미여주곤약밥

[헤이바디]
단백칩

프로틴 간식 디저트를 워낙 좋아해서 대체할 만한 건강 간식을 사두곤 해요. 단백질 과자는 맛없고 텁텁할 거라는 편견이 있었는데, 제가 먹어본 제품들은 정말 맛있어서 1봉지쯤은 '순삭'했어요. 식감은 바삭하고 시즈닝도 속세 맛인데, 성분은 좋아서 간식 당길 때마다 즐겨 먹었어요(하지만 이것도 과식은 금물!). * 추천 시판 제품 : [헤이바디] 단백칩, [프롬잇] 프로틴칩

[프롬잇]
프로틴칩

잡곡 섬유질은 포만감을 주고, 신체가 연소하는 지방을 증가시키는 역할을 합니다. 하루 필요한 섬유소인 약 25g을 채우려면 채소 섭취만으로 부족할 수 있어요. 평소 흰쌀, 흰 빵을 잡곡, 통밀빵으로 바꾸는 것만으로도 섬유질 섭취량을 늘릴 수 있어요.
* 추천 시판 제품 : [소반미반] 슬림탐닉 7곡, 불릴필요없는 칼집현미

[소반미반]
슬림탐닉 7곡

통밀스낵 달달한 것이 당기거나, 밤에 허기질 때 건강한 간식으로 먹기 좋은 통밀 스낵. 북유럽인들이 건강하고 담백한 아침 식사로 애용하는 전 세계 1위 신 브레드(thin bread, 빵을 얇게 슬라이스한 스낵)로, 무설탕 과일잼, 땅콩버터, 후무스 등 스프레드와 함께 먹으면 더 든든하고 맛있게 즐길 수 있어요. 당 함량이 낮고 식이 섬유와 단백질이 풍부해서 다이어트할 때도 좋아요.
* 추천 시판 제품 : [핀크리스프] 통곡물 씬브래드

[핀크리스프]
통곡물 씬브래드

⑧ 집에서 만드는 디톡스 주스

체내 독소와 노폐물을 배출해서 몸을 클렌징해주는 디톡스 주스. 몸이 피곤하고 무겁게 느껴진다면 디톡스 주스를 만들어 공복에 먹어보세요. 기상 직후 공복일 때 체내 영양분 흡수율이 가장 높기 때문에, 해독 주스의 좋은 성분이 가장 큰 효과를 발휘할 수 있습니다. 꾸준히 마시다 보면 빠르면 1주, 늦어도 2주 안에 몸이 한결 가벼워지고 피부가 환해지는 효과를 보게 될 거예요.

주스 01　ABC 주스

전 세계인이 열광하는 디톡스 주스의 교과서

레시피
사과 100g, 당근 100g, 비트 30g을 믹서에 넣고 갈아줍니다.

- 당근과 비트는 찜기에 약 5분간 익혀서 먹는 것이 흡수율이 더 높고 맛도 좋아요.
- 사과 : 당근 : 비트 비율은 1:1:0.3으로 맞춰주세요.
- 비트가 없다면 사과와 당근 비율을 1:1로 갈아 먹어도 맛있어요.

주스 02　레몬 디톡스 주스

레몬과 물만 있으면 1분 만에 만드는 초간단 디톡스 주스. 레몬은 비타민 C가 풍부해서 피부 미용 증진, 활력 충전에 좋을 뿐만 아니라, 지방 분해 효소 분비를 촉진해 꾸준히 먹으면 체중 감량에 도움을 주는 재료입니다.

레시피
레몬 1개 분량의 레몬즙을 따뜻한 물에 취향대로 넣고 섞습니다.

- 시다고 생각하는 농도의 70% 정도로 만들어서 먹습니다.
- 레몬 대신 천연 사과 발효 식초(애플 사이다 비니거)를 1큰술 넣어도 좋아요.

주스 03 케일+바나나+키위 주스

여러 연예인의 다이어트 비법으로 알려진 디톡스 주스. 섬유질이 많아 변비 해소에 효과적인 케일은 눈과 뼈 건강에도 좋은 식품입니다. 케일의 씁쓸한 맛을 달콤한 바나나와 키위가 잡아주기 때문에 누구나 맛있게 즐길 수 있습니다.

레시피
케일 5장(주스용), 바나나 ½개, 키위 ½개, 코코넛 워터 또는 물 1컵을 믹서에 넣고 갈아줍니다.

· 코코넛 워터의 단맛이 싫다면 양을 조절하거나 물을 넣어도 좋아요.

주스 04 사과+오이+레몬 주스

청량한 수분감이 가득한 디톡스 주스. 수분 함량이 95% 이상인 오이는 칼륨이 풍부해서 나트륨 배출 및 부종 완화에 도움을 주고, 사과는 항산화 물질이 풍부해서 면역력 향상에 도움을 줍니다.

레시피
사과 1개, 오이 ½개, 레몬 ½개, 물 ½컵을 믹서에 넣고 갈아줍니다.

· 껍질에 섬유소가 가득하기 때문에 재료는 깨끗이 세척한 후 껍질째 잘라 갈아줍니다.

주스 05 시금치+사과+바나나+파인애플 주스

노화 방지, 혈액 정화에 도움이 되는 시금치를 넣은 그린 디톡스 주스. 식이 섬유가 풍부한 사과와 바나나를 넣어 변비 예방에 탁월한 레시피입니다.

레시피
시금치 1줌, 사과 ½개, 바나나 ½개, 파인애플 ¼개, 레몬 ½개, 물 1컵을 믹서에 넣고 갈아줍니다.

· 시금치는 생으로 갈아도 좋고, 30초 이내로 살짝 데쳐서 갈아도 좋아요.
· 취향에 따라 꿀 1큰술을 넣어도 좋아요.

⑨ 삶의 질이 달라지는 아침 / 저녁 스트레칭

아침 스트레칭

소/고양이 자세

밤새 잠들어 있던 척추를 유연하게 해주는 동작

- 테이블 자세(무릎을 꿇은 상태에서 손과 정강이를 바닥에 댄 자세)에서 준비합니다.
- 숨을 들이마시면서 허리를 오목하게 만들어 가슴을 들어 올립니다.
- 숨을 내쉬면서 등을 둥글게 말고, 꼬리뼈와 복부를 수축합니다.
- 길고 깊게 호흡하면서 10회 정도 동작을 반복합니다.

버드독

초보자를 위한 전신 코어 운동의 기본

- 테이블 자세에서 팔과 반대쪽 다리를 쭉 뻗습니다.
- 아랫배에 힘을 주고, 손끝부터 발끝까지 몸이 일직선이 되게 합니다.
- 시선은 바닥을 향하고, 15초간 호흡하며 유지합니다.
- 반대쪽도 동일하게 합니다.

※ 팔과 다리를 동시에 들기 힘들다면, 둘 중 하나만 올리고, 익숙해지면 둘 다 올립니다.

다운독 자세

전신 혈액순환 및 피로 해소에 좋은 동작

- 테이블 자세에서 준비합니다.
- 꼬리뼈를 천장 쪽으로 끌어올려 몸을 삼각형으로 만듭니다.
- 손바닥으로 바닥을 지그시 누르며 어깨와 허리를 폅니다.
- 가능하다면 무릎을 펴서 다리 뒤쪽까지 스트레칭합니다.
- 호흡하며 유지합니다.

※ 햄스트링(넓적다리 뒤 근육)이 타이트하다면 무릎을 굽히고 복부와 허벅지를 붙입니다.

고양이 기지개 자세

굽은 등과 어깨를 펴주는 최고의 동작

- 테이블 자세에서 준비합니다.
- 양팔을 최대한 앞으로 뻗어 턱과 가슴이 바닥에 닿게 합니다.
- 팔과 척추를 길게 늘이며 30초간 호흡하면서 유지합니다.

※ 골반 아래 무릎 정렬을 맞춥니다.

상체 비틀기

체내 노폐물을 배출해주고, 소화에 좋은 동작

- 두 다리를 펴고 앉은 상태에서 오른쪽 무릎을 세웁니다.
- 왼팔로 세운 무릎을 감싸고, 상체를 오른쪽으로 돌립니다.
- 시선은 뒤쪽 멀리 향하고, 오른손은 엉덩이 뒤쪽 바닥에 둡니다.
- 호흡하며 15초간 유지합니다. 반대쪽도 동일하게 합니다.

※ 어깨가 올라가지 않게 긴장을 풀어줍니다.

저녁 스트레칭

바람 빼기 자세

하루 종일 쌓인 피로를 풀어주고 허리 통증을 완화하는 동작

- 누운 상태에서 한쪽 무릎을 구부리고, 양손을 깍지 끼어 정강이를 잡습니다.
- 무릎을 가슴 쪽으로 당기되, 골반이 바닥과 떨어지지 않을 만큼만 당깁니다.
- 호흡하면서 1~2분간 자세를 유지합니다.
- 반대쪽도 동일하게 합니다.

비둘기 자세

상하체 혈액/림프 순환을 원활하게 해주는 자세

- 테이블 자세에서 준비합니다.
- 왼쪽 무릎을 접어 앞으로 보내고, 오른쪽 다리는 뒤로 쭉 뻗습니다.
- 상체를 앞으로 숙이며 가슴과 무릎이 가까워지도록 합니다.
- 가능하다면 이마를 바닥에 대고 호흡하면서 자세를 유지합니다. 반대쪽도 시행합니다.

※ 뒤로 뻗은 다리 쪽 골반이 뜨지 않도록 바닥 쪽으로 눌러줍니다.

나비 자세

골반 주위 근육을 풀어주고 하체 피로감을 해소하는 동작

- 가슴과 허리를 곧게 펴고 앉습니다.
- 두 발바닥을 마주 보게 하고, 양손으로 발을 잡아 몸 쪽으로 최대한 당깁니다.
- 숨을 들이마시고 척추를 곧게 세운 후 내쉬며 상체를 앞으로 숙여 이마와 바닥이 가까워지도록 합니다.
- 호흡하면서 30초간 자세를 유지합니다.

※ 무릎이 땅에 닿지 않으면 팔꿈치로 무릎을 지그시 누르며 내려갑니다.

개구리 자세

틀어진 골반을 교정하고 허벅지 안쪽 지방을 태우는 자세

- 테이블 자세에서 양 무릎을 최대한 바깥쪽으로 벌립니다.
- 골반과 무릎은 90도, 무릎과 발은 일직선을 만들고 발끝은 바깥쪽을 향합니다.
- 상체를 숙여 팔꿈치를 바닥에 대고, 숨을 내쉬면서 골반을 바닥 쪽으로 눌러줍니다.
- 호흡하면서 1~2분간 자세를 유지합니다.

※ 무릎이 아프다면 무릎 아래 수건을 깔고 해주세요.

브리지 자세

허리를 튼튼하게 하고 뒤태를 예쁘게 만드는 동작

- 등을 바닥에 대고 누운 상태에서 양발을 골반 너비로 벌리고, 무릎을 세웁니다.
- 숨을 들이마시고 준비, 내쉬면서 골반을 위로 끌어올렸다가 내립니다.
- 양 무릎을 조이고 엉덩이가 자극되는 것을 느끼며 30초간 반복합니다.

※ 올라갈 때 무릎이 벌어지지 않게 허벅지 안쪽에 힘을 줍니다.

3Days Detox Diet

단단히 먹은 마음이 사흘을 가지 못한다는 뜻의 '작심삼일'을 타파하고 새로운 식습관의 길로 친절하게 안내해줄 디톡스 플랜을 소개합니다. 나쁜 식습관을 버리고, 새롭게 디톡스 식단을 실천하려는 이들에게 3일 플랜은 부담 없이 시작하기 딱 좋은 스케줄입니다. 일반적인 디톡스 다이어트로 알려진 과일이나 채소 주스만 먹고 클렌징하는 방식이 아닌, 건강하고 가벼운 샐러드 식단을 통해 몸에 쌓인 독소를 비워낸다는 의미의 디톡스 식단을 소개합니다.

영양 과잉 속 부족한 영양소는 채우고 체내 독소는 배출해주는 3일 단기 프로그램을 시도하면서 건강한 식습관을 꾸준히 유지하세요. 마음에 드는 3일 디톡스 프로그램을 여러 개 선택해 자신의 상황에 맞게 장기 플랜을 짜서 실천한다면 건강한 식단을 보다 오래 지속하는 데 도움이 될 거예요.

3일 _ 디톡스의 기본 원칙

✓ 하루 세 끼 중 두 끼를 디톡스 식단으로 챙겨 먹는 것을 원칙으로 합니다.

✓ 하루 두 끼를 디톡스 샐러드로 챙겨 먹기 버겁다면, 먼저 저녁만 디톡스 샐러드로 먹다가 점차 두 끼로 늘려나가는 것을 추천합니다.

✓ 식단을 한번에 바꾸려 하면 문제가 생길 수 있으므로 자신의 스케줄에 맞게 무리를 주지 않는 선에서 실천해보기를 권합니다.

3일 _ 디톡스 세부 프로그램 간단 설명

프로그램 1	출렁이는 뱃살 타파(P.038)
프로그램 2	코끼리 다리 부종 제거(P.054)
프로그램 3	허리 라인을 날씬하게(P.070)
프로그램 4	숨겨졌던 턱 선 찾기(P.086)
프로그램 5	칙칙한 피부 톤을 생기 있게(P.102)

3일 _ 디톡스 성공을 위한 주의 사항

✓ 디톡스 기간에는 되도록 음주, 흡연을 피하세요.

✓ 디톡스 샐러드가 아닌 일반식 섭취 시 과식하지 않도록 주의하세요.

✓ 기름진 음식, 술, 야식은 최대한 자제하세요.

3-day 프로그램 ❶

출렁이는 뱃살 타파

대부분의 다이어터가 고민하는 뱃살을 쏙 빼주는 데 효과적인 운동법과 식단을 공개합니다. 숙변을 제거하고 염분을 배출하는 식재료로 몸의 부기를 빼고 장기적으로 신진대사를 높여 살을 빼는 데 도움을 주는 식단으로 뱃살을 관리해보세요.

3일 미션

A
복부 긴장감 유지
앉아 있거나 서 있을 때 아랫배를 안으로 쏙 집어넣는다는 느낌으로 1시간마다 1분씩 유지합니다.

B

하루 최소 8잔 이상 물 마시기
장운동을 활발하게 해 배변 활동이 원활해집니다. 찬물보다는 따뜻한 물이 변비 해소에 더 효과적이에요.

C
30분 이상 유산소운동하기
뱃살을 빼기 위해서는 부위별 운동과 식단 개선도 중요하지만, 땀이 날 정도의 유산소운동이 매우 중요해요. 식단과 함께 유산소운동을 꾸준히 하면 훨씬 더 빠르게 체지방을 감량하는 효과를 볼 수 있어요.

3일 추천 운동

1일차

플랭크 30초

코어 운동의 기본

❶ 테이블 자세에서 준비합니다.
❷ 양다리를 뒤로 뻗어, 머리부터 발끝까지 일직선을 만듭니다.
❸ 호흡하면서 자세를 유지합니다.

※ 테이블 자세 : 일명 네발 기기 자세로 손바닥과 무릎을 바닥에 대고 네발로 기어가는 모습의 자세를 말합니다.
※ 골반이 너무 위로 솟거나 아래로 처지지 않게 복부 안쪽을 수축합니다.
※ 매일 30초씩 하다가 유지 시간을 점차 늘려보세요. 코어가 단단해지는 느낌이 들 거예요.

2일차

레그레이즈 30초

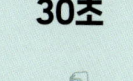

아랫배를 집중 공략하는 대표적인 복근 운동

❶ 양손을 골반 옆에 두고 천장을 본 상태로 편하게 눕습니다.
❷ 두 다리를 앞으로 곧게 편 상태에서 허리가 아닌, 복부 힘으로 양다리를 위로 올렸다가 내립니다.

※ 동작을 할 때 허리가 뜨지 않게 배꼽을 바닥에 붙이는 느낌으로 복부를 수축해주세요.
※ 초보자라면 무릎을 굽혀서 시행합니다.

3일차

러시안 트위스트 30초

옆구리살 라인 정리에 효과적인 동작

❶ 골반 너비만큼 다리를 벌리고, 무릎을 세워 앉은 상태에서 상체를 45도 정도 뒤로 젖힙니다.
❷ 복부에 힘을 주어 상체를 좌우로 돌립니다.

※ 상체를 지나치게 돌리면 허리에 부담이 될 수 있으니 주의하세요.
※ 몸통을 옆으로 돌릴 때 호흡을 입으로 "후" 하고 내뱉습니다.

※ 모든 동작은 2~3SET/가능하다면 하루 3개 동작 연속으로 도전해보기
※ 모든 동작은 기재된 시간 동안 자신의 페이스에 맞게 반복해서 진행합니다.

Follow the 3-day Meal Prep
3일 밀 프렙 따라 하기

재료

- ✓ 브로콜리 ½개
- ☐ 냉동 새우 150g
- ☐ 마늘 17톨
- ☐ 양파 ¼개
- ☐ 당근 ½개
- ☐ 애호박 ¼개
- ☐ 파프리카 ¼개
- ☐ 바나나 1개
- ☐ 오렌지 ½개
- ☐ 두부 ½모
- ☐ 어린잎 채소 150g
- ☐ 방울토마토 20개
- ☐ 시금치 2줌
- ☐ 달걀 3개
- ☐ 파 1단
- ☐ 양송이버섯 3개
- ☐ 새송이버섯 1개
- ☐ 느타리버섯 2개
- ☐ 팽이버섯 ½개
- ☐ 가지 ⅙개
- ☐ 검은깨(선택)
- ☐ 닭 가슴살(하림) 100g
- ☐ 양배추 ¼통

- ☐ 샐러드 채소 50g
- ☐ 퀴오트 오리지널(플라하반) 30g
- ☐ 오리지널뉴 하루견과(닥터넛츠) 1봉지
- ☐ 우유 50㎖

드레싱재료

- ✓ 들깨 가루
- ☐ 올리브유
- ☐ 레몬즙
- ☐ 소금
- ☐ 후춧가루
- ☐ 진간장
- ☐ 맛간장
- ☐ 맛술
- ☐ 알룰로스
- ☐ 참기름
- ☐ 발사믹 식초
- ☐ 청주(선택)
- ☐ 다진 마늘
- ☐ 굴소스

'브로콜리' 들깨 가루 알새우 샐러드

250kcal / 숙변 제거

Day 1

스트레스가 만병의 근원이라지만, 숙변 역시 만병의 근원이죠. 배변 활동이 원활하지 않아 숙변이 쌓이면 몸에 해로운 노폐물이 장에 남고, 복부에 쉽게 체지방이 생깁니다. 또 숙변이 부패하면서 장 속 나쁜 균들과 만나 유독 가스를 발생시키고, 장 곳곳에 남아 각종 질병을 유발합니다. 브로콜리는 수용성 식이 섬유가 풍부해 숙변 제거에 좋은 식품이에요. 일반적으로 브로콜리를 초고추장과 함께 먹는데, 초고추장에 들어가는 식초의 산 성분이 브로콜리의 베타카로틴을 파괴하기 때문에 다른 양념을 활용하는 것이 좋습니다. 들깨 가루로 만든 홈메이드 드레싱과 함께하면 고소한 풍미를 느낄 수 있고, 식재료 속 영양을 그대로 섭취할 수 있어요. 여기에 새우까지 곁들이면 건강하고 가벼운 한 끼 완성!

난이도 Easy

소요 시간 15분

재료
- 브로콜리 ½개
- 냉동 새우 150g(중 사이즈)
- 소금 1큰술

드레싱 재료
- 들깨 가루 2큰술
- 올리브유 2큰술
- 레몬즙 1큰술
- 소금 약간
- 후춧가루 약간

① 브로콜리는 식초물에 3분 정도 담갔다가 흐르는 물에 씻습니다.
② 먹기 좋은 크기로 송이를 자르고, 줄기는 껍질을 깎아 어슷하게 썹니다.
③ 팔팔 끓는 물에 소금 1큰술을 넣어서 녹입니다.
④ ❸에 브로콜리를 넣어 1분 정도 데칩니다.
    적당히 물컹해졌을 때 빼주세요.
⑤ 데친 브로콜리는 채반에 받쳐 물기를 뺍니다.
⑥ 분량의 재료로 드레싱을 만듭니다.
⑦ 냉동 새우는 흐르는 찬물에 씻은 후 끓는 물에 1~2분간 익힙니다.
⑧ 불을 끄고 새우가 더 익도록 5분 정도 둡니다.
    새우가 분홍빛을 띠면 다 익은 거예요.
⑨ ❻의 드레싱을 뿌려 재료들과 잘 버무리세요.
⑩ 샐러드 그릇에 담아 완성합니다.

디톡스 포인트

· 브로콜리를 데치기 전 끓는 물에 소금 1큰술을 넣고 녹이면 물의 끓는점이 높아져 좀 더 빠르고 아삭하게 채소를 데칠 수 있어요.

· 새우는 끓는 물에 데쳐도 되고, 소량의 기름을 두르고 프라이팬이나 그릴에 구워 먹어도 됩니다. 각자 기호에 맞게 조리하되, 다이어터라면 기름에 튀기는 것은 삼가세요.

1
2
3
4
5

' 양배추' 닭 가슴살 샐러드

259kcal 노폐물 제거

Day 1

양배추는 미국 〈타임〉지에서 선정한 3대 장수 식품으로 섬유질이 풍부해 몸속 노폐물을 제거하며, 장내 유해 물질을 배출해주는 효과가 있어 장 기능을 개선해줍니다. 또 양배추에 함유된 비타민 A·C가 활성산소를 억제해 디톡스에도 매우 좋습니다. 위 건강에도 좋고 암 예방, 혈액순환 촉진에도 도움을 줍니다. 게다가 100g당 약 19㎉로 칼로리가 매우 낮고, 섭취 시 포만감이 오래 지속되어 다이어트 식단을 구성할 때 좋아요.

난이도 Easy

소요 시간 20분

재료
- 양배추 ¼통
- 닭 가슴살 100g
- 마늘 10톨
- 양파 ¼개
- 당근 ¼개
- 양송이버섯 3개
- 애호박 ¼개
- 파프리카 ¼개
- 올리브유 적당량
- 소금 약간
- 후춧가루 약간

양념장 재료
- 진간장 3큰술
- 맛간장 1큰술
- 맛술 2큰술
- 알룰로스 1큰술
- 청주 1큰술(선택)
- 다진마늘 ½큰술
- 후춧가루 약간

☛ 디톡스 포인트

양배추를 씻을 때는 자르지 말고 통째로 세척해야 영양소 손실이 적습니다. 잘라서 세척하면 양배추에 함유된 수용성비타민이 물에 쉽게 녹아요.

① 양배추는 겉잎을 제거하고, 먹을 만큼 잎을 떼서 물에 5분 정도 담갔다가 흐르는 물에 씻습니다.

② 채반에 받쳐 물기를 빼고 먹기 좋은 크기로 썰어놓습니다.

③ 마늘은 꼭지를 제거한 후 편으로 썰고, 양파는 얇게 채 썰어놓습니다.

④ 당근, 애호박은 반달 모양으로 자르고, 파프리카, 양송이버섯은 먹기 좋은 크기로 자릅니다.

⑤ 올리브유를 넉넉히 두른 프라이팬에 마늘과 양파를 넣고 볶아줍니다.

⑥ 나머지 채소를 넣고 볶다가, 마지막에 양배추를 넣고 숨이 죽을 정도로 볶아주세요.

⑦ 소금, 후춧가루로 간합니다.

⑧ 볶은 채소는 따로 그릇에 두고, 올리브유를 두른 팬에 닭 가슴살을 굽습니다.

⑨ 어느 정도 익으면 뚜껑을 덮고 약한 불로 오래 익혀줍니다.

⑩ 분량의 재료로 만든 양념장을 닭 가슴살 앞뒤로 발라 조금 더 익힙니다.

⑪ 구운 닭 가슴살은 먹기 좋은 크기로 자릅니다.

⑫ 채소와 닭 가슴살을 팬에 모두 넣고 양념장을 2큰술 넣어 살짝 볶습니다.
양념장은 간을 보며 추가하세요.

⑬ 그릇에 구운 양배추와 채소를 먼저 올린 후 닭 가슴살을 올려 마무리합니다.

6

10

12

'바나나' 오트밀 샐러드

382kcal 나트륨 배출

Day 2

몸속에 나트륨이 많으면 부종이 되고, 부종을 방치하면 살이 됩니다. 체내 나트륨을 배출하기 위해서는 칼륨을 섭취하는 것이 좋은데, 칼륨이 풍부한 식품이 바로 바나나입니다. 중금속, 독소 배출에도 도움을 주기 때문에 건강에 좋습니다. 비교적 저렴한 가격에 쉽게 구할 수 있고 먹기도 편해서 다이어트할 때 즐겨 찾는 과일이기도 합니다. 이번 챕터에서는 슈퍼푸드인 귀리와 함께 한 끼 식사처럼 즐길 수 있는 초간단 오트밀 샐러드 레시피를 소개할게요.

난이도 Easy

소요 시간 10분

재료
- 바나나 1개
- 샐러드 채소 50g
- 오렌지 ½개
- 오트밀 30g
- 우유 50㎖
- 견과류 약간
- 소금 약간

① 바나나 1개를 그릇에 담고 포크로 으깨줍니다.
② 오렌지는 껍질을 까고 과육을 반으로 잘라주세요.
③ 달군 냄비에 으깬 바나나, 오트밀, 우유를 한 번에 넣고 중간 불에 끓입니다.
  시간 여유가 없다면 전자레인지에 3분간 돌려도 좋아요.
④ 농도를 봐가면서 취향대로 우유를 추가한 후 저어주세요.
⑤ 볼에 샐러드 채소를 가득 담고 그 위에 ❹를 올립니다.
⑥ 썰어둔 오렌지도 올려줍니다.
⑦ 견과류 또는 그래놀라를 뿌려 완성합니다.
⑧ 부족한 간은 소금을 추가해 보충하세요.

✎ 디톡스 포인트

바나나로 오트밀을 만들어 샐러드처럼 먹으면 따뜻한 오트밀과 다양한 채소를 섭취할 수 있어 든든한 포만감이 느껴져요. 우유 대신 두유 또는 아몬드 밀크를 넣으면 더욱 고소한 맛이 살아납니다.

'그릴 두부' 샐러드

250kcal 콜레스테롤 감소

다이어트를 할 때는 탄수화물 섭취를 줄이고, 저칼로리의 고단백 식품을 먹는 것이 중요합니다. 이에 해당하는 대표적인 식품 중 하나가 바로 두부입니다. 두부는 콩으로 만든 식품 중 가장 대중적이라 시중에서 비교적 저렴한 가격에 구할 수 있고, 양질의 식물성 단백질이 풍부한 데다 칼로리가 낮아 다이어트할 때 매우 좋습니다. 100g당 약 84kcal로 저칼로리에 식감이 부드러워 소화가 잘될 뿐 아니라, 어떤 음식과도 잘 어울려 쉽게 조리할 수 있어요. 캐나다 토론토대학 연구 팀의 보고서에 따르면, 두부를 많이 먹는 것이 약을 먹는 것 못지않게 콜레스테롤 수치를 낮추는 데 효과적이라고 해요. 이번 챕터에서는 신선한 채소와 팬에 구워 더욱 고소한 두부로 한 끼 샐러드를 만들어보려고 해요.

난이도 Easy

소요 시간 15분

재료
- 두부 ½모
- 어린잎 채소 100g
- 당근 ¼개
- 방울토마토 5개
- 검은깨 약간(선택)
- 소금 약간
- 후춧가루 약간
- 올리브유 적당량

드레싱 재료
- 올리브유 2큰술
- 진간장 2큰술
- 참기름 1큰술
- 발사믹 식초 ½큰술
- 후춧가루 약간

디톡스 포인트

· 두부는 물기를 완전히 제거하고 구워야 더 바삭하고 고소합니다. 시간이 없다면 먹기 좋게 썬 두부를 접시에 올리고 전자레인지에 3분 정도 구우면 물기를 좀 더 빨리 뺄 수 있어요.

· 당근, 토마토는 기름에 볶아 먹으면 영양소를 훨씬 더 많이 흡수할 수 있어요.

① 모든 채소를 흐르는 물에 씻은 후 채반에 밭쳐 물기를 뺍니다.
② 두부는 먹기 좋게 1cm 정도 정사각형으로 잘라주세요.
③ 당근과 방울토마토는 먹기 좋은 크기로 썰어놓습니다.
④ 키친타월로 두부의 물기를 제거해주세요.
⑤ 소금, 후춧가루를 ❹의 앞뒤로 뿌린 후 간이 잘 배도록 5분간 둡니다.
⑥ 달군 프라이팬에 올리브유를 두르고 두부를 굽습니다.
⑦ 두부가 노릇노릇하게 익으면 당근과 방울토마토를 넣어 볶습니다.
⑧ 어린잎 채소를 접시에 올린 후 두부와 구운 채소를 올립니다.
⑨ 검은깨를 뿌리고 분량의 재료로 만든 드레싱을 부어 완성합니다.

'시금치' 달걀 토마토 샐러드

190kcal 지방 연소

'토달볶(토마토 달걀 볶음)'이라 불리는 토마토 스크램블드에그는 구하기 쉽고 저렴한 토마토와 달걀만 있으면 간편하게 만들 수 있는 다이어트 메뉴죠. 토마토에 부족한 단백질을 달걀이 채워주고, 달걀에 부족한 식이 섬유와 비타민 C는 토마토가 보충해줍니다. 이 메뉴에 슈퍼푸드 시금치를 넣으면 영양소도 훨씬 풍부해지고, 감칠맛도 좋아진다는 사실! 현미밥을 곁들여 한 끼 든든하게 덮밥처럼 먹어도 좋고, 통밀빵을 곁들여 브런치로 즐겨도 좋습니다.

Day 3

난이도 Easy

소요 시간 20분

재료
- 시금치 2줌
- 방울토마토 10개
- 달걀 3개
- 굴소스 ½큰술
- 파 1단
- 마늘 7톨
- 소금 약간
- 후춧가루 약간
- 올리브유 적당량

① 모든 채소를 흐르는 물에 씻은 후 채반에 밭쳐 물기를 제거합니다.
② 시금치는 먹기 좋은 크기로 썰어놓습니다.
③ 파와 마늘은 다집니다.
④ 방울토마토는 반으로 잘라주세요.
⑤ 달걀, 굴소스, 소금, 후춧가루, 다진 파와 마늘을 넣어 달걀물을 만들어둡니다.
⑥ 달군 프라이팬에 올리브유를 두르고 중약불에 토마토를 볶다 그릇에 잠시 담아둡니다.
⑦ 달군 프라이팬에 올리브유를 두르고 달걀물을 넣습니다.
⑧ 젓가락으로 살살 젓다가 달걀이 다 익기 전에 방울토마토를 넣고 살짝 볶습니다.
⑨ 시금치를 넣고 볶다가 숨이 죽으면 불을 끄고 접시에 담아 냅니다.

☞ 디톡스 포인트

방울토마토는 일반 토마토에 비해 면역력을 높여주는 사포닌은 5배, 라이코펜은 3배 많이 함유되어 있어요. 조리해도 모양이 흐물흐물해지지 않고, 수분을 머금어 조리 후 먹을 때도 훨씬 풍부한 맛을 냅니다.

5	6

8	9

구운 '버섯' 샐러드

100kcal 신진대사 원활

버섯에는 건강에 좋은 비타민과 미네랄이 풍부하게 들어 있어요. 특히 버섯에 함유된 베타글루칸은 신진대사를 활발하게 하는 역할을 하는데, 신진대사가 활성화될수록 칼로리 소모가 커집니다. 또 버섯을 많이 먹으면 면역력이 좋아질 뿐만 아니라, 혈액순환 촉진과 체내 독소 배출에도 도움을 받을 수 있습니다. 이번 챕터에서는 고기 같은 쫄깃한 식감을 살릴 수 있을 뿐만 아니라, 한 접시를 다 먹어도 부담 없는 저칼로리 고영양 식품, 버섯을 이용한 샐러드 레시피를 소개해드릴게요.

Day 3

난이도 Easy

소요 시간 10분

재료
- 새송이버섯 1개
- 느타리버섯 2개
- 팽이버섯 ½개
- 가지 ⅙개
- 방울토마토 5개
- 어린잎 채소 50g
- 소금 약간
- 후춧가루 약간
- 올리브유 적당량

드레싱 재료
- 올리브유 1큰술
- 진간장 1큰술
- 발사믹 식초 1큰술
- 레몬즙 ½큰술
- 후춧가루 약간

① 모든 채소를 깨끗이 씻은 후 채반에 밭쳐 물기를 뺍니다.
② 새송이버섯, 느타리버섯은 먹기 좋은 크기로 썰고, 팽이버섯은 밑부분을 잘라냅니다.
③ 가지는 꼭지를 제거하고 반달 모양으로 썰어주세요.
④ 방울토마토는 꼭지를 제거한 후 ½ 또는 ¼ 크기로 자릅니다.
⑤ 볼에 버섯과 가지, 방울토마토를 넣은 후 올리브유를 뿌리고, 소금과 후춧가루로 간합니다.
⑥ ❺를 잘 섞어서 간이 잘 배게 해주세요.
⑦ 에어 프라이어용 그릇에 종이 포일을 깔고, ❻을 골고루 펼친 후 180℃에서 10분간 굽습니다.
⑧ 뒤집어서 10분간 더 굽고 잘 구워졌는지 확인한 후 꺼냅니다.
⑨ 분량의 재료로 드레싱을 만듭니다.
⑩ 그릇에 어린잎 채소를 가장 먼저 담은 후 구운 채소를 플레이팅합니다.
⑪ 드레싱을 부어서 완성합니다.

디톡스 포인트

· 버섯은 취향대로 골고루 넣으세요. 볶아 먹어도 맛있지만, 에어 프라이어에 구우면 버섯 향을 조금 더 진하게 느낄 수 있습니다.

· 버섯은 씻은 후 채반에 밭쳐 물기를 잘 빼야 팬에 볶을 때 기름이 튀지 않아요.

5

7

8

3-day 프로그램 ❷

코끼리 다리 부종 제거

노력 대비 가장 빼기 힘든 부위 중 하나인 다리살. 하체 비만은 꾸준한 운동과 적절한 식이요법을 병행해야 효과를 볼 수 있습니다. 다리 부종은 림프와 혈액순환이 원활하지 않을 경우 나타나는 증상입니다. 장시간 같은 자세를 유지하거나 다리를 꼬는 자세, 운동 부족, 과도한 나트륨 섭취 등의 습관이 쌓여 부종을 불러옵니다. 이번 프로그램에서는 다리 부기를 빼고 라인을 슬림하게 잡아주는 데 효과적인 운동과 식단을 소개합니다.

3일 미션

A. 자기 전 'L' 자 다리 하기

잠들기 전 누운 상태에서 다리를 벽에 대고 다리와 몸통이 90도가 되도록 해주세요. 이 자세에서 1분 이상 눈을 감고 호흡합니다. 하루 종일 쌓인 피로를 풀어주고 하체 혈액순환에 도움을 줍니다.

B. 다리 꼬지 않기

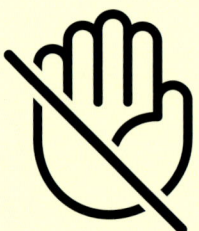

평상시에도 자세를 올바르게 유지하며, 다리를 꼬지 않습니다. 다리를 꼬는 습관은 허리 통증을 불러올 뿐만 아니라 골반이 틀어지게 합니다.

C. 나트륨 섭취 줄이기

나트륨은 수분이 모이게 하는 성질이 있어, 과도하게 섭취하면 체내에 불필요한 수분이 머무르게 합니다. 3일만이라도 나트륨 섭취량을 의도적으로 줄여보세요.

3일 추천 운동

1일차

종아리 스트레칭 각 15초

피곤한 종아리가 개운해지는 초간단 동작

❶ 테이블 자세(P.039)에서 준비합니다.
❷ 마시는 숨에 오른쪽 다리를 뒤로 뻗은 후, 내쉬는 숨에 발뒤꿈치로 바닥을 누릅니다.
❸ 반대쪽도 동일하게 합니다.

※ 발뒤꿈치로 바닥을 누르면 종아리 뒤쪽이 개운해져요.
※ 어깨 아래 손목이, 골반 아래 무릎이 오도록 정렬해주세요.

2일차

다운독 + 스텝 30초

전신 혈액순환 및 종아리와 발목을 유연하게 해주는 동작

❶ 테이블 자세(P.039)에서 준비합니다.
❷ 꼬리뼈를 천장 쪽으로 끌어올려 몸을 삼각형으로 만들고, 손바닥으로 바닥을 지그시 누르며 어깨와 허리를 폅니다(다운독 자세).
❸ 양 무릎을 번갈아가며 굽히면서 종아리와 발목을 스트레칭합니다.

※ 척추는 길게 늘이고, 엉덩이는 위로 끌어올립니다.

3일차

사이드 스트레칭 각 15초

다리 라인을 군살 없이 슬림하게 만들어주는 동작

❶ 앉은 상태에서 오른쪽 다리를 옆으로 쭉 펴고 왼쪽 다리는 접습니다.
❷ 오른쪽으로 상체를 기울이며 오른손은 발목을 잡고, 왼손은 귀 옆 대각선 방향으로 쭉 뻗어주세요. 그런 다음 왼쪽 옆구리를 쭉 늘여줍니다. 오른쪽 발끝은 몸 쪽으로 당겨 햄스트링과 종아리 뒤쪽 근육을 천천히 늘입니다.
❸ 호흡하며 자세를 유지합니다. 반대쪽도 동일하게 합니다.

※ 상체를 기울일 때, 가슴이 앞으로 굽혀지지 않게 하늘 쪽으로 가슴을 열여줍니다. 옆구리가 동시에 스트레칭되며, 군살 정리에 도움을 줍니다.

※ 모든 동작은 2~3SET/가능하다면 하루 3개 동작 연속으로 도전해보기
※ 모든 동작은 기재된 시간 동안 자신의 페이스에 맞게 반복해서 진행합니다.

Follow the 3-day Meal Prep

3일 밀 프렙 따라 하기

재료

- ✓ 미니 단호박 1개
- ☐ 새싹 채소 1줌
- ☐ 루꼴라 1줌
- ☐ 방울토마토 15개
- ☐ 아몬드 슬라이스 약간 (또는 견과류 약간)
- ☐ 병아리콩 ½컵(70g)
- ☐ 오이 1개 반
- ☐ 양파 ¾개
- ☐ 적양파 ¼개
- ☐ 블랙 올리브 5개
- ☐ 그라나 파다노 치즈 약간
- ☐ 양배추 5장
- ☐ 당근 ⅙개
- ☐ 파슬리 가루 약간(선택)
- ☐ 삶은 달걀 1개(선택)
- ☐ 빨강·노랑 파프리카 각 ¼개
- ☐ 아스파라거스 10~15개
- ☐ 연근 100g
- ☐ 브로콜리 ⅓개
- ☐ 사과 ¼개
- ☐ 레몬 ½개(선택)
- ☐ 아보카도 1개
- ☐ 토마토 ½개

- ☐ 라이트 스탠다드 참치(동원) ½캔
- ☐ 옥수수 & 올리브(봉듀엘) 3큰술
- ☐ 닭 가슴살 슬라이스 햄(굽네) 1팩
- ☐ 통밀 토르티아(풀무원) 1장

드레싱 재료

- ✓ 올리브유
- ☐ 무설탕 플레인 요거트
- ☐ 마요네즈
- ☐ 꿀
- ☐ 레몬즙
- ☐ 알룰로스
- ☐ 소금
- ☐ 후춧가루
- ☐ 다진 마늘
- ☐ 들깨 가루
- ☐ 발사믹 식초
- ☐ 홀그레인 머스터드

'단호박' 샐러드

144kcal / 부기 감소

단호박에 들어 있는 식물성 섬유질 펙틴은 이뇨 작용을 돕고 부기를 완화해줘 산후 다이어트에 많이 쓰이는 식품입니다. 또 비타민 A와 베타카로틴은 노화를 억제하고 성인병을 예방하며, 위장 기능을 튼튼하게 합니다. 100g당 66kcal로 칼로리가 낮고, 식이 섬유가 풍부해 체내 노폐물 배출에 도움을 줍니다. 단호박을 샐러드나 샌드위치에 넣어 먹으면 포만감이 오래 지속되어 다이어트식으로 더할 나위 없이 좋습니다.

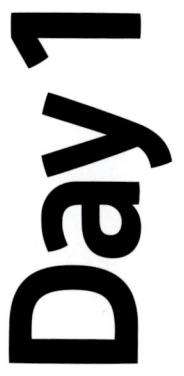

난이도 Easy

소요 시간 20분

재료
- 미니 단호박 1개
- 새싹 채소 1줌
- 방울토마토 3개
- 파슬리 가루 약간(선택)
- 아몬드 슬라이스(또는 견과류) 약간

드레싱 재료
- 무설탕 플레인 요거트 3큰술
- 마요네즈 1큰술
- 꿀 1큰술
- 레몬즙 ½큰술
- 소금 약간
- 후춧가루 약간

① 모든 채소를 깨끗한 물에 씻은 후 채반에 밭쳐 물기를 제거합니다.
② 단호박은 전자레인지에 3분간 돌립니다.
  전자레인지에 먼저 돌려야 쉽게 잘려요.
③ 단호박을 칼로 8등분한 후 숟가락으로 씨앗을 파냅니다.
④ 속을 깨끗하게 파낸 단호박을 전자레인지에 넣고 약 7분간 돌려 완전히 익힙니다.
  찜기를 사용할 경우, 10분 정도 찝니다.
⑤ 젓가락을 찔러 잘 익었는지 확인한 후 단호박을 포크로 부드럽게 으깨세요.
⑥ 으깬 단호박에 분량의 재료로 만든 드레싱을 넣고 잘 섞어주세요.
⑦ 방울토마토는 꼭지를 제거하고 반으로 자릅니다.
⑧ 그릇에 새싹 채소를 먼저 깔고 단호박과 방울토마토를 올린 후, 파슬리 가루와 견과류를 뿌려 완성합니다.

👉 디톡스 포인트

단호박을 찔 때는 전자레인지나 찜기를 활용하면 됩니다. 전자레인지로 데울 경우, 간편하지만 퍽퍽하다는 단점이 있고, 찜기는 다소 불편하지만 촉촉하게 먹을 수 있다는 장점이 있습니다.

2

3

5

6

'병아리콩' 샐러드

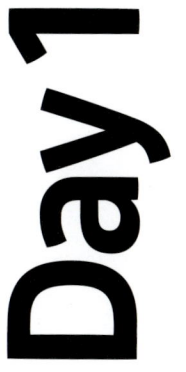

221kcal
비만 세균 억제

Day 1

미국 <타임>지 세계 10대 건강 식품으로 선정된 바 있는 병아리콩은 우리나라에서도 슈퍼푸드로 잘 알려진 식품입니다. 노란색을 띠는 울퉁불퉁한 콩 모양이 병아리처럼 생겼다고 해서 붙은 이름으로 이집트콩이라고도 부릅니다. 칼로리는 100g당 164kcal로, 단백질 함유량이 높고 식이 섬유가 풍부해 다이어트에 좋은 식품으로 알려져 있죠. 또 불포화지방산 함량이 높아 체중 증가를 막고, 체내 노폐물을 배출하며, 콜레스테롤 수치를 낮춰 심혈관 건강을 개선합니다. 칼륨도 풍부해서 부종을 완화하는 데 좋습니다.

난이도 Easy

소요 시간 25분

재료
- 병아리콩 ½컵(70g)
- 방울토마토 5개
- 오이 ¼개
- 루콜라 1줌
- 적양파 ¼개
- 블랙 올리브 5개
- 그라나 파다노 치즈 약간
- 소금 ½큰술

드레싱 재료
- 발사믹 식초 2큰술
- 홀그레인 머스터드 1큰술
- 올리브유 2큰술
- 꿀 ½큰술
- 파슬리 가루 약간(선택)
- 소금 약간
- 후춧가루 약간

① 병아리콩을 물에 비벼가며 2~3번 깨끗이 씻고 물을 넉넉하게 담아 최소 10시간 불려줍니다.
   불린 물을 버리지 말고 삶을 때 사용하면 좀 더 고소한 풍미를 느낄 수 있습니다.

② 충분히 불린 병아리콩을 냄비에 담은 후 물과 소금 ½큰술을 넣고 삶습니다.

③ 물이 끓으면 불을 중약불로 줄이고 약 15~20분간 삶아줍니다.
   콩을 삶으면서 생기는 거품은 제거하고, 물이 넘치면 중간에 물을 1컵 넣습니다.

④ 불을 끈 후 5분 정도 두었다가 찬물로 헹굽니다.

⑤ 분량의 재료로 만든 드레싱에 병아리콩을 넣고 약 5분간 두어 맛이 잘 배게 합니다.

⑥ 모든 채소를 물에 씻어 채반에 밭쳐서 물기를 빼줍니다.

⑦ 적양파는 얇게 채 썰어 찬물에 담가 매운맛을 뺍니다.

⑧ 방울토마토와 오이는 먹기 좋은 크기로 썰어놓습니다.

⑨ 그릇에 루콜라를 깐 후 손질한 채소와 병아리콩을 담습니다.

⑩ 치즈를 갈고 블랙 올리브를 뿌린 후 남은 드레싱을 부어 완성합니다.

디톡스 포인트

병아리콩은 다른 콩보다 단단하기 때문에 포슬포슬한 식감을 제대로 느끼기 위해서는 최소한 10시간은 물에 불려야 합니다. 충분히 불리면 노란색이 진해지고, 크기도 2배로 커집니다.

※ **병아리콩 보관 TIP**
병아리콩은 불리고 삶는 시간이 오래 걸리기 때문에 한 번 삶을 때 많은 양을 삶은 후, 냉동 보관해두고 실온에서 약 2시간 자연 해동해서 먹으면 편해요.

'양배추' 콘 샐러드

381kcal 노폐물 배출

Day 2

멕시칸 스타일의 샐러드는 너무 맛있지만, 일반적으로 생크림이나 마요네즈를 베이스로 하기 때문에 다이어트할 때 부담스러운 게 사실이에요. 이번 챕터에서는 고칼로리 소스 대신 무설탕 플레인 요거트로 드레싱을 만들고, 일반적인 햄 대신 닭 가슴살 슬라이스로 단백질을 채워, 칼로리를 최대한 낮춘 멕시칸 스타일의 양배추 콘 샐러드를 만들어볼 거예요. 여기에 멕시칸 요리에서 빼놓을 수 없는 과카몰리와 토르티아까지 곁들여 푸짐하면서도 건강한 한 끼 샐러드입니다.

난이도 Medium

소요 시간 40분

재료
- 양배추 5장
- 닭 가슴살 슬라이스 햄 1팩
- 옥수수&올리브 3큰술
- 통밀 토르티아 1장
- 당근 ⅙개
- 양파 ¼개
- 오이 ¼개
- 삶은 달걀 1개(선택)

드레싱 재료
- 무설탕 플레인 요거트 3큰술
- 레몬즙 ½큰술
- 알룰로스 ½큰술
- 소금 약간
- 후춧가루 약간

① 양배추는 겉잎을 제거하고 먹을 만큼 잎을 떼서 물에 5분 정도 담갔다가 흐르는 물에 씻어줍니다.

② 당근, 양파, 오이도 흐르는 물에 씻어서 채반에 받쳐 물기를 제거합니다.

③ 양파는 얇게 채 썰어 찬물에 담가 매운맛을 뺀 후 물기를 제거합니다.

④ ❶의 양배추는 가늘고 길게 썰어 준비해둡니다.

⑤ 당근, 오이, 닭 가슴살 슬라이스 햄도 길게 채 썰어 준비합니다.

⑥ 드레싱 볼에 분량의 재료를 넣고 드레싱을 만듭니다.

⑦ 삶은 달걀은 껍질을 벗겨 흰자는 작게 썰고, 노른자는 체에 걸러 고운 가루로 만듭니다.

⑧ 샐러드 볼에 ❺와 옥수수&올리브, 양배추, 양파, 달걀흰자를 넣어 섞은 후 노른자 가루를 위에 뿌려주세요.

⑨ 과카몰리를 만듭니다.
레시피 하단 참고.

⑩ 통밀 토르티아를 프라이팬에 넣고 기름 없이 살짝 구워주세요.

⑪ 샐러드 볼에 과카몰리와 통밀 토르티아를 함께 플레이팅합니다.

⑫ 드레싱을 샐러드에 뿌려 완성합니다.

▶ 디톡스 포인트

샐러드에 넣는 닭 가슴살 슬라이스 햄은 프라이팬에 살짝 구워 먹어도 좋지만, 조리하지 않아도 맛있어요. 일반 햄이 아닌 닭 가슴살 햄을 사용해 단백질 함량은 높이고, 포화지방은 줄였죠. 슬라이스 햄이 아닌 일반 닭 가슴살을 사용해도 좋아요.

※ 과카몰리 레시피

재료 : 아보카도 1개, 토마토 ½개, 레몬즙 1큰술, 다진 양파 1큰술, 다진 마늘 ½큰술, 소금·후춧가루 약간

1) 아보카도는 반으로 갈라 씨를 제거합니다.
2) 과육을 빼서 볼에 담은 후 포크로 으깨줍니다.
3) 토마토는 씨를 제거하고 잘게 다집니다.
tip. 씨를 제거해야 질척이지 않고 더 맛있어요.
4) 양파와 마늘도 잘게 다집니다.
5) 모든 재료를 볼에 넣고 섞은 후 레몬즙, 소금, 후춧가루로 간합니다.

5

9 10

'오이' 참치 샐러드

Day 2

오이는 칼륨을 풍부하게 함유해 체내 나트륨을 배출하는 효능이 있어요. 노폐물과 중금속을 배출해 피를 정화하고, 비타민 B가 풍부해서 면역 체계를 강화하기도 합니다. 97%가 수분으로 이루어져 칼로리가 100g당 13㎉로 매우 낮은 편이에요. 탄수화물이 적고 섬유질이 풍부해서 다이어트 식품으로도 정말 좋죠. 그뿐 아니라 비타민 A·B·C·D와 철, 칼륨, 인, 마그네슘 등 다양한 영양소가 들어 있으니, 샐러드에 넣어 수시로 챙겨 먹으면 좋습니다.

난이도 Easy

소요 시간 15분

재료
- 오이 1개
- 참치 캔 ½캔
- 빨강·노랑 파프리카 각 ¼개
- 양파 ¼개
- 마요네즈 3큰술
- 소금 약간
- 후춧가루 약간
- 아몬드 슬라이스 약간

① 오이는 물을 묻힌 다음 굵은소금으로 문질러 물에 깨끗이 씻습니다.
② ❶을 먹기 좋은 크기로 썬 다음 티스푼으로 바닥 부분만 조금 남기고 윗부분을 파서 오이 그릇을 만듭니다.
③ 파프리카와 양파는 잘게 썰어 준비합니다.
④ 참치 캔은 기름을 꾹 짜서 준비합니다.
⑤ 볼에 마요네즈와 소금, 후춧가루를 넣은 후 참치, 파프리카, 양파를 넣고 비벼주세요.
⑥ ❷의 오이 그릇에 ❺를 넣어 채웁니다.
⑦ ❻을 그릇에 옮긴 후 아몬드 슬라이스를 뿌려 완성합니다.

👉 디톡스 포인트

수분이 많고 섬유질이 풍부한 오이를 먹으면 속 쓰림과 더부룩한 느낌이 줄어드는데, 무기질이 대부분 껍질에 들어 있으므로, 꼭 껍질째 섭취하시기를 권합니다.

'아스파라거스' 토마토 샐러드

119kcal 신진대사 활성

칼로리와 나트륨 함량이 낮은 아스파라거스는 식이 섬유와 장내 유익균 활성화를 촉진하는 프로바이오틱스가 풍부해서 복부 팽만감을 없애주고, 장내 환경을 개선하는 식품입니다. 또 아스파라거스에 들어 있는 칼슘, 칼륨 등의 미네랄은 신진대사를 활성화해 부종을 예방해줍니다. 강력한 항산화제인 글루타치온을 함유해 항암 효과를 발휘하는 것은 물론 노화 방지, 면역력 개선에 도움을 줍니다.

Day 3

난이도 Easy

소요 시간 15분

재료
- 아스파라거스 10~15개
- 방울토마토 7개
- 레몬 ½개(선택)
- 파슬리 가루 약간
- 소금 1큰술 + 약간
- 후춧가루 약간

드레싱 재료
- 올리브유 3큰술
- 레몬즙 1큰술
- 다진 마늘 ½큰술

① 아스파라거스는 흐르는 물에 씻어 밑동을 자릅니다.

② 아스파라거스의 울퉁불퉁한 표면은 감자칼로 정리합니다.
식감도 좋아지고 단맛을 더 끌어올릴 수 있어요.

③ 끓는 물에 소금 1큰술을 넣고 손질한 아스파라거스를 넣어 30초 정도 데칩니다.
이때 밑동이 아래로 가게 넣으면 딱딱한 아랫부분이 더 잘 익혀집니다.

④ 아스파라거스를 데치는 동안 토마토를 깍둑썰기 해 볼에 담습니다.

⑤ 분량의 재료로 드레싱을 만듭니다.

⑥ 데친 아스파라거스를 꺼낸 후 소금, 후춧가루로 간합니다.

⑦ 그릇에 아스파라거스와 토마토를 올리고 레몬으로 장식합니다.

⑧ 드레싱과 파슬리 가루를 뿌려 완성합니다.

✦ 디톡스 포인트

아스파라거스는 30초 정도 끓는 물에 데친 후 섭취하면 세포막이 얇아져 흡수율을 더욱 높일 수 있어요. 살짝 데친 아스파라거스를 각종 채소, 과일 또는 고기와 곁들여 먹으면 더욱 영양가 높은 식단을 구성할 수 있습니다.

들깨 '연근' 샐러드

203kcal / 림프 순환

흙 속의 진주라고 불리는 연근은 연꽃의 뿌리로 몸에 좋은 풍부한 영양소를 함유한 식재료예요. 항산화 물질과 칼륨, 철분이 많아 혈액 생성을 도울 뿐만 아니라 고지혈증 억제, 빈혈, 당뇨 치료에 도움을 줍니다. 또 100g당 67kcal 정도의 저칼로리 식품으로 식이 섬유가 풍부해 소량만 섭취해도 큰 포만감을 느낄 수 있을 뿐만 아니라, 장운동을 활발하게 해 변비를 완화합니다. 특히 식이 섬유 중에서도 불용성 식이 섬유가 많아 막힌 림프의 순환을 원활하게 해 체내 독소를 빼주고, 비만 예방에 탁월하다고 알려져 있습니다.

난이도 Easy

소요 시간 15분

재료
- 연근 100g
- 브로콜리 ⅓개
- 사과 ¼개
- 식초 1큰술
- 소금 1큰술

드레싱 재료
- 무설탕 플레인 요거트 3큰술
- 들깨 가루 1큰술
- 마요네즈 1큰술
- 알룰로스 1큰술
- 소금 약간

① 모든 채소를 흐르는 물에 씻은 후 채반에 받쳐 물기를 제거합니다.
② 연근은 필러로 껍질을 벗기고 먹기 좋은 두께로 자릅니다.
③ 물에 식초 1큰술을 넣고 자른 연근을 10분간 담가둡니다.
   연근의 갈변을 막고 특유의 떫은 맛을 제거해줍니다.
④ 끓는 물에 소금 1큰술을 넣고 ❸의 연근을 넣어 5분 정도 데쳐주세요.
⑤ 브로콜리는 연근보다 작게 자른 후 데칩니다.
⑥ 데친 연근과 브로콜리는 바로 찬물에 헹궈 체에 받쳐 물기를 빼줍니다.
   데친 채소를 찬물에 헹구면 재료 본연의 아삭한 식감을 살릴 수 있어요.
⑦ 사과는 껍질째 먹기 좋은 크기로 썰어놓습니다.
⑧ 데친 연근과 브로콜리, 사과를 그릇에 담아주세요.
⑨ 분량의 재료로 드레싱을 만들어 준비된 재료들과 섞으면 완성!

🌿 디톡스 포인트

· 껍질을 벗긴 연근은 쉽게 변색됩니다. 얇게 잘라 식초를 약간 넣은 물에 담가두면 변색되는 것을 막을 수 있습니다.
· 연근은 성질이 차가워서 과하게 섭취할 경우 복통, 설사 등을 일으킬 수 있으니 주의해야 합니다.
· 채소를 데치기 전 끓는 물에 소금 1큰술을 넣으면 물의 끓는점이 높아져 좀 더 빠르고 아삭하게 채소를 데칠 수 있어요.

3-day 프로그램 ❸

허리 라인을 날씬하게

양쪽 허리에 붙은 두툼한 튜브 같은 옆구리살이 지긋지긋하다고요? 옆구리는 활동량이 많지 않아 일부러 움직이지 않으면 군살이 생기기 쉬운 부위입니다. 디톡스 식단과 함께 유산소운동을 꾸준히 병행하면, 자연스럽게 체지방이 빠지면서 허리 라인이 살아납니다. 바로 살이 빠지지 않는다고 조급해하지 말고, 매일 식단과 운동을 습관으로 만들면 어느새 눈에 띄는 효과가 나타날 거예요.

3일 미션

A. 야식 먹지 않기

저녁을 먹은 후에는 자기 전까지 아무것도 먹지 않는 것이 좋습니다. 자기 전에 음식을 섭취하면 뇌가 자는 시간이 아니라 활동하는 시간으로 인지해 각성 상태가 되므로 질 좋은 수면을 취할 수 없어요. 또 지방과 단백질이 많은 음식을 섭취할 경우 소화하는 데 오래 걸리기 때문에 역류성 식도염이 생길 수도 있어요. 건강한 식습관을 위해 가장 먼저 끊어야 할 것이 바로 야식입니다.

B. 잡곡밥 먹기

흰쌀밥이 아닌 잡곡밥을 먹는 습관을 들이세요. 현미, 귀리, 키노아, 병아리콩 등 통곡물이면 어떤 것이든 좋아요. 잡곡은 복합 탄수화물로 혈당이 오르는 속도를 늦춰주고, 포만감이 오래가서 다이어트에 도움이 되는 반면, 흰쌀밥은 살을 찌게 하는 단순당으로 이루어져 섭취 후 혈당이 빠른 속도로 올라가고, 금세 허기가 집니다.

C. 밥, 고기보다 채소를 먼저 먹는 습관

식사를 할 때 탄수화물이 아닌 채소를 먼저 먹는 습관을 들이세요. 탄수화물은 즉각적으로 혈당을 높이지만, 식이 섬유가 풍부한 채소는 위장관에서 소화 흡수가 빨리 되지 않도록 해주기 때문에 혈당 스파이크를 막고 포만감을 빨리 느끼게 합니다.

3일 추천 운동

1일차

바이시클 크런치 30초

복부 전체+옆구리 자극으로 허리 사이즈를 줄여주는 동작

❶ 누운 상태에서 양 무릎을 90도로 들고, 양손을 머리 뒤에 대고 준비합니다.
❷ 상체를 들면서 왼쪽 팔꿈치로 오른쪽 무릎을 터치하고, 왼쪽 다리를 앞으로 쭉 뻗습니다.
❸ 반대쪽도 동일하게 하며 30초 동안 자전거를 타듯 번갈아가며 팔꿈치로 반대쪽 무릎을 터치합니다.

※ 허리는 바닥에 밀착하고, 목과 어깨의 긴장은 최대한 뺍니다.

2일차

사이드 플랭크 각 15초

탄탄한 팔 라인을 만들고 옆구리살 지방을 제거하는 동작

❶ 옆으로 누운 상태에서 팔꿈치를 바닥에 대고, 양발을 모은 후 골반을 위로 띄워주세요.
❷ 위에 있는 손은 허리에 대고 균형을 잡습니다.
❸ 아랫배에 힘을 주고 호흡하며 자세를 유지합니다.

※ 골반이 비틀어지지 않게 가슴, 골반이 정면을 바라보게 합니다.
※ 힘들다면 위에 있는 무릎을 굽혀 발로 바닥을 지탱합니다.

3일차

플랭크 트위스트 30초

11자 복근을 만드는 데 가장 효과적인 동작

❶ 엘보 플랭크 자세에서 준비합니다.
❷ 골반으로 무지개를 그린다는 느낌으로 허리를 비틀며 좌우로 움직입니다.
❸ 골반은 땅에 닿지 않을 만큼만 내려갔다가 올립니다.

※ 엘보 플랭크 : 깍지를 낀 양손과 팔꿈치로 삼각형을 만든 후 플랭크 자세를 취합니다.
※ 아랫배에 힘을 주고 상체는 최대한 흔들리지 않게 유지합니다.

※ 모든 동작은 2~3SET/가능하다면 하루 3개 동작 연속으로 도전해보기
※ 모든 동작은 기재된 시간 동안 자신의 페이스에 맞게 반복해서 진행합니다.

Follow the 3-day Meal Prep

3일 밀 프렙 따라 하기

재료	드레싱 재료
✓ 무 80g	✓ 올리브유
☐ 양배추 50g	☐ 진간장
☐ 현미밥 100g	☐ 마요네즈
☐ 컬러 방울토마토 29개	☐ 참기름
☐ 빨강·노랑 파프리카 각 ¼개	☐ 식초
☐ 샐러드 채소 100g	☐ 발사믹 식초
☐ 마늘 15톨	☐ 화이트 비니거
☐ 새우 6~7마리	☐ 알룰로스
☐ 당근 1개	☐ 꿀
☐ 상추 또는 로메인 상추 2장	☐ 홀그레인 머스터드
☐ 달걀 3개	☐ 무설탕 플레인 요거트
☐ 견과류 약간	☐ 레몬즙
☐ 오이 ½개	☐ 소금
☐ 적양파 ½개	☐ 후춧가루
☐ 아스파라거스 10개	
☐ 양상추 ½통	
☐ 견과류 약간	
☐ 검은깨 약간(선택)	
☐ 참치 캔(동원참치) 50g	
☐ 더건강한베이컨(CJ) 2장	
☐ 닭 가슴살(하림) 100g	
☐ 통밀 식빵(아르토스 베이커리) 1개	
☐ 치아바타빵(소피 × 스웨틴) 1개	

'무' 양배추 참치 샐러드

334kcal / 가스제거

무는 전체의 95%가 수분으로 구성되어 있고, 100g당 칼로리는 15㎉로 다른 채소와 비교해도 칼로리가 현저하게 낮은 채소예요. 무에 포함된 효소에는 체내 지방과 탄수화물 등의 에너지를 분해하는 효과가 있기 때문에 꾸준히 섭취하면 기초대사량을 늘려주고, 몸을 날씬하게 하는 데 도움을 주죠. 또 부종을 해소하는 칼륨이 풍부하고 비타민 C도 다량 함유해 피부 미백 및 노화 방지에 좋아요.

Day 1

난이도 Easy
소요 시간 15분

재료
- 무 80g
- 참치 캔 50g
- 양배추 50g
- 진간장 ½큰술
- 마요네즈 ½큰술
- 식초 1큰술
- 소금 약간
- 후춧가루 약간
- 현미밥 100g
- 방울토마토 5개
- 검은깨 약간(선택)

① 무는 깨끗이 씻어 필러로 껍질을 벗긴 후 가늘게 썰어 생채를 만들어주세요.
② 썰어둔 생채에 물이 생기지 않도록 소금을 살짝 뿌리고 버무려 절여둡니다.
③ 양배추도 씻어 가늘고 길게 썰어 준비해둡니다.
④ 방울토마토는 꼭지를 제거한 후 반으로 썰어놓습니다.
⑤ 무 생채의 물기를 쫙 빼고, 양배추도 물기를 제거한 후 그릇에 담아주세요.
⑥ ❺에 참치 캔을 기름을 빼서 넣어주세요.
⑦ ❻에 진간장, 마요네즈, 식초를 넣어 섞어줍니다.
⑧ 부족한 간은 소금, 후춧가루를 뿌려 보충합니다.
⑨ 샐러드 그릇에 담고 현미밥과 방울토마토를 곁들입니다.
⑩ 검은깨를 뿌려 완성합니다.

디톡스 포인트

무의 소화효소인 디아스타아제는 열에 약하고, 칼륨이나 비타민 C 역시 물에 잘 녹는 성분이기 때문에 삶거나 볶으면 영양소가 빠져나갑니다. 따라서 무에 포함된 영양소를 최대한 섭취하고 싶다면, 생채로 썰어 샐러드로 먹거나, 무즙으로 먹는 것이 좋습니다.

'파프리카' 새우 샐러드

338kcal 내장 지방 제거

컬러 채소 하면 떠오르는 파프리카는 씹으면 입안 가득 수분이 퍼질 뿐 아니라 식이 섬유, 철분, 비타민 A·B₁ 등 영양소가 풍부한 채소예요. 특히 비타민 C를 비롯한 항산화 성분을 다량 함유하고 있는데, 이는 토마토의 5배에 이른다고 해요. 파프리카는 100g당 약 30㎉로, 다이어트에 좋은 채소이기도 합니다. 특히 빨간색 파프리카에는 지방을 효율적으로 연소시키는 카로티노이드의 일종인 크립톡산틴이 가득 들어 있어요. 실제로 12주간 파프리카를 섭취하도록 하는 실험에서 내장 지방 또는 체중이 줄어드는 결과가 나올 정도로 다이어트에 효과적이랍니다.

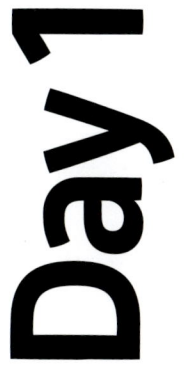

Day 1

난이도 Easy

소요 시간 20분

재료
- 빨강·노랑 파프리카 각 ¼개
- 샐러드 채소 50g
- 마늘 10톨
- 새우 6~7마리
- 견과류 약간
- 소금 약간
- 후춧가루 약간
- 올리브유 적당량

드레싱 재료
- 올리브유 1큰술
- 진간장 1큰술
- 발사믹 식초 1큰술
- 레몬즙 ½큰술
- 후춧가루 약간

① 모든 채소를 흐르는 물에 씻은 후 채반에 밭쳐 물기를 제거합니다.
② 파프리카는 꼭지를 따고 먹기 좋은 크기로 잘라주세요.
③ 마늘은 꼭지를 제거한 후 편으로 썰어놓습니다.
④ 팬에 올리브유를 두르고 마늘을 볶습니다.
⑤ 마늘이 노릇노릇해지면 새우를 넣고 같이 볶아주세요.
⑥ 소금, 후춧가루로 간합니다.
⑦ ❷의 썰어둔 파프리카를 넣어 노릇노릇해질 때까지 볶습니다.
⑧ 분량의 재료로 드레싱을 만듭니다.
⑨ 그릇에 준비한 샐러드 채소를 담고 구운 새우와 파프리카를 올려줍니다.
⑩ 드레싱을 뿌린 후 견과류로 장식하면 완성!

← 디톡스 포인트

파프리카는 볶아 먹으면 비타민 C를 손실 없이 그대로 흡수할 수 있어요. 기름에 고기 또는 해산물과 함께 볶아 포만감 있게 먹어도 좋고, 겉면만 살짝 구워서 부드럽게 먹어도 좋습니다. 토치로 표면을 탈 때까지 구워 찬물에 담그면 껍질이 쉽게 벗겨집니다.

'당근라페' 샐러드 샌드위치

200kcal / 변비해소

변비가 만성이 되면, 각종 세균과 노폐물이 체내에 쌓여 혈액이 탁해집니다. 이는 피로감, 노화, 피부 트러블 등 많은 문제를 불러옵니다. 변비를 해소하기 위해서는 식이 섬유가 풍부해 장운동을 활발하게 해주는 음식을 섭취하는 것이 중요한데, 변비 완화에 좋은 식품 중 하나가 바로 당근입니다. 당근에 풍부하게 함유된 식이 섬유가 비피두스균의 활동을 활성화해 장운동을 활발하게 해줍니다. 또 피부에 좋은 비타민 A가 트러블을 개선하고, 깨끗한 피부를 만드는 데 도움을 줍니다. 이런 당근을 이용해 당근라페를 만들어볼게요. 당근라페는 얇게 썬 당근을 절여 먹는 프랑스식 피클입니다. 칼로리가 낮고 포만감이 커서 다이어트 메뉴로 활용하기 좋아요. 여러 번 먹을 양을 만들어 냉장실에 넣어두고 샐러드나 스테이크 사이드 디시로 곁들여도 좋고, 샌드위치에 넣어 먹어도 좋습니다.

Day 2

난이도 Easy

소요 시간 20분

재료
- 당근 1개
- 통밀 식빵 1개
- 상추 또는 로메인 상추 2장
- 달걀 1개
- 소금 약간

드레싱 재료
- 올리브유 3큰술
- 꿀 1+½큰술
- 홀그레인 머스터드 1큰술
- 레몬즙 1큰술
- 소금 약간
- 후춧가루 약간

① 모든 채소를 흐르는 물에 씻은 후 채반에 받쳐 물기를 제거합니다.
② 채칼로 당근을 가늘게 채 썹니다.
③ 채 썬 당근에 소금을 넣고 약 10분간 절인 후 물기를 뺍니다.
④ 분량의 재료로 드레싱을 만들어주세요.
⑤ 볼에 채 썬 당근과 드레싱을 넣고 섞어주세요.
⑥ 에어 프라이어로 살짝 구운 통밀 식빵에 물기 뺀 상추를 올리고, ❺의 당근라페를 올립니다.
⑦ 달걀 프라이를 만들어 ❻ 위에 올리면 초간단 건강한 한 끼 완성!

🥄 디톡스 포인트

만들어서 바로 먹는 것보다 드레싱을 만들어 섞어준 후, 냉장실에서 최소 2시간 이상 숙성해서 먹는 것을 추천합니다.

Day 2

'오이' 닭 가슴살 샐러드

257 kcal 포만감 UP

오이는 95% 이상이 수분으로 구성되어 수분 덩어리라고 해도 과언이 아닙니다. 그래서 등산을 가면 간식으로 오이를 먹어 수분을 섭취하는 것을 종종 볼 수 있죠. 또 비타민 C, 무기질 등 영양소는 풍부한 반면, 탄수화물 함량이 낮고 100g당 10㎉ 정도밖에 안 되는 저칼로리 식품이라 체중 감량에 도움을 줍니다. 특히 칼륨이 풍부해 나트륨을 배출해주죠. 부종을 빼는 데 도움을 주기도 하고, 풍부한 수분이 체내 노폐물 배출과 변비 해소에 도움을 줍니다. 참고로 오이 껍질에는 열매보다 5배나 많은 칼슘이 들어 있기 때문에 껍질을 벗겨 먹으면 중요한 영양분을 절반 이상 버리는 셈이 됩니다. 깨끗이 씻어 최대한 껍질째 섭취하기를 권합니다. 냉장고에 넣어뒀다 간식으로 먹으면 더욱 시원하게 즐길 수 있어요. 포만감과 영양소를 모두 챙길 수 있는 다이어트 간식으로 추천합니다.

난이도 Easy
소요 시간 15분

재료
- 닭 가슴살 100g
- 샐러드 채소 50g
- 오이 ½개
- 적양파 ¼개
- 방울토마토 8개
- 올리브유 적당량

드레싱 재료
- 올리브유 2큰술
- 참기름 2큰술
- 알룰로스 1큰술
- 진간장 ½큰술
- 발사믹 식초 ½큰술
- 레몬즙 ½큰술
- 소금 약간
- 후춧가루 약간

① 모든 채소를 흐르는 물에 씻은 후 채반에 받쳐 물기를 제거합니다.
② 달군 프라이팬에 올리브유를 두르고, 닭 가슴살을 중간 불에 앞뒤로 노릇노릇하게 굽습니다.
③ 오이는 껍질째 위아래를 잘라내고 먹기 좋은 크기로 잘라줍니다.
④ 적양파는 얇게 채 썰어 찬물에 5분 정도 담갔다가 물기를 빼줍니다.
⑤ 방울토마토는 먹기 좋게 반으로 잘라주세요.
⑥ 닭 가슴살은 먹기 좋게 슬라이스합니다.
⑦ 분량의 재료로 드레싱을 만듭니다.
⑧ 그릇에 샐러드 채소를 가장 먼저 담은 후 구운 닭 가슴살과 나머지 채소를 모두 올려줍니다.
⑨ ❽에 드레싱을 부어 완성합니다.

👉 디톡스 포인트

닭 가슴살을 프라이팬에 구울 때는 중간 불에서 앞뒤로 노릇노릇하게 구운 후, 마지막에 약한 불로 뚜껑을 덮어 찌듯이 구우면 촉촉한 육즙을 살릴 수 있습니다.

' 아스파라거스' 달걀 토마토 샐러드

247 kcal 체지방연소

Day 3

아스파라거스는 레오나르도 다빈치의 '최후의 만찬'에 등장하는 귀족 채소로 '채소의 왕'이라는 별명이 있어요. 비타민 A·B·C·E, 철분, 마그네슘, 아연, 칼륨, 루테인, 단백질 등 영양소가 풍부해서 세계 10대 음식에 선정되어 슈퍼푸드로 각광받습니다. 체내 나쁜 성분을 배출해주는 영양소가 풍부해 혈액을 깨끗하게 하고, 아토피 피부염, 고혈압, 지방간 완화에 효과적입니다. 또 100g당 12㎉밖에 되지 않고 탄수화물 함량이 낮아 다이어트에도 굉장히 좋습니다. 장내 유익균을 늘리고 장 환경을 건강하게 만들어 식욕 억제, 체지방 감소에 도움을 주니 디톡스 샐러드에 활용하기 좋아요. 이번 챕터에서 소개할 아스파라거스 샐러드는 스테이크 또는 연어와 곁들여도 좋고, 파스타나 통밀빵과 함께 사이드로 내놓아도 좋습니다.

난이도 Medium

소요 시간 20분

재료
- 아스파라거스 10개
- 컬러 방울토마토 10개
- 마늘 5톨
- 달걀 1개
- 치아바타 1개
- 소금 약간
- 후춧가루 약간
- 올리브유 적당량

① 모든 채소를 흐르는 물에 씻은 후 채반에 밭쳐 물기를 제거합니다.

② 아스파라거스는 밑동을 살짝 잘라내고 겉면의 거친 부분을 다듬어주세요.
   밑동은 질기기 때문에 5~6㎝ 정도 잘라냅니다. 밑동과 가까운 줄기도 질길 수 있으니 감자칼이나 과도로 껍질만 살살 벗겨주세요. 자르지 않고 통으로 조리해도 좋고, 먹기 편하게 잘라서 조리해도 좋습니다.

③ 방울토마토는 씻은 후 꼭지를 제거하고 먹기 좋게 반으로 잘라줍니다.

④ 마늘은 편으로 썰어놓습니다.

⑤ 프라이팬에 올리브유를 충분히 두르고 마늘과 아스파라거스를 넣고 볶아주세요.
   데쳐서 먹어도 좋지만, 토마토와 함께 볶으면 토마토의 상큼함과 감칠맛이 살아난답니다.

⑥ 방울토마토도 같이 넣고 볶으면서 소금, 후춧가루로 간하세요.

⑦ 치아바타는 에어 프라이어 또는 오븐에 180℃로 2~3분 구워주세요.

⑧ 달걀 프라이 또는 수란을 반숙으로 만들어주세요.

⑨ 그릇에 노릇노릇 볶은 아스파라거스를 펼쳐 올리고, 그 위에 마늘과 방울토마토를 올립니다.

⑩ 그 위에 반숙한 수란을 올려 노른자가 살짝 터져 나오게 플레이팅합니다.

⑪ 구운 빵을 곁들이면 완성!

✎ 디톡스 포인트

아스파라거스는 달걀과 궁합이 정말 좋습니다. 시간 여유가 없다면 데친 아스파라거스 위에 수란을 올리고 소금, 후춧가루만 뿌려도 훌륭한 애피타이저가 됩니다. 이때 노른자를 완숙이 아닌 반숙으로 조리해야 한다는 점, 잊지 마세요!

'양상추' 웨지 샐러드

259kcal 체지방 커팅

웨지 샐러드(wedge salad)는 양상추를 2등분 또는 4등분해 잘게 썬 베이컨, 토마토 등의 토핑을 뿌린 샐러드를 뜻합니다. 아삭한 양상추는 찢어서 일반 샐러드로 내놓는 것보다 웨지 모양으로 썰었을 때 가장 예뻐요. 미국 유명 체인 레스토랑에서 한동안 애피타이저로 제공한 메뉴이기도 합니다. 위에 올린 토핑과 양상추의 조화가 좋아서 먹다 보면 자기도 모르게 많은 양을 먹게 되죠. 양상추는 1통(약 300g)을 다 먹어도 약 30kcal밖에 되지 않아, 다이어트하면서 맘껏 즐길 수 있어요. 채소만 먹으면 허기질 수 있으니, 삶은 달걀로 단백질을 보충하고, 견과류로 건강한 지방을 채워볼 거예요. 가벼운 한 끼뿐 아니라 메인 요리의 사이드 디시 또는 손님 대접용 애피타이저로도 좋은 웨지 샐러드를 이번 주말에 만들어보세요.

난이도 Easy

소요 시간 15분

재료
- 양상추 ½통
- 삶은 달걀 1개
- 적양파 ¼개
- 방울토마토 6개
- 베이컨 2장
- 견과류 약간

드레싱 재료
- 무설탕 플레인 요거트 3큰술
- 올리브유 1큰술
- 화이트 비니거 1큰술
- 레몬즙 ½큰술
- 알룰로스 ½큰술
- 소금 약간
- 후춧가루 약간

① 양상추는 지저분한 겉잎을 제거하고 꼭지를 위에서 꾹 누른 후 비틀어 제거합니다.
② 양상추의 잎을 떼어낸 후 흐르는 물에 깨끗하게 씻어 물기를 제거합니다.
③ 적양파와 방울토마토도 깨끗하게 씻어주세요. 양상추는 반 통만 웨지 모양으로 썰어 준비합니다.
④ 적양파와 방울토마토 3개는 큐브 모양으로 작게 썰고, 방울토마토 나머지 3개는 세로로 4등분합니다.
⑤ 베이컨도 적당한 크기로 썰어주세요.
⑥ 달군 프라이팬에 베이컨을 바삭하게 구운 후 기름기를 제거해 준비합니다.
⑦ 미리 준비한 삶은 달걀은 반으로 잘라주세요.
⑧ 분량의 재료로 드레싱을 만듭니다.
⑨ 그릇에 ❷의 웨지 양상추를 담고, 드레싱을 뿌립니다.
⑩ ❾ 위에 손질한 토마토, 적양파, 베이컨 토핑을 뿌린 후 삶은 달걀도 올려주세요.
⑪ 견과류를 뿌려 마무리합니다.

👉 디톡스 포인트

토핑으로 사과를 큐브 모양으로 작게 썰어 올리면 새콤달콤한 맛을 더할 수 있어요. 또는 복숭아, 블루베리, 귤, 샤인머스캣 등 제철 과일을 올려도 맛있습니다.

4

5

6

7

9

3-day 프로그램 ❹

숨겨졌던 턱 선 찾기

어렸을 때는 턱 선이 슬림했는데, 나이가 들수록 얼굴에 각이 지면서 턱과 목에 살이 붙는 듯한 느낌이 드시나요? 목, 어깨 등 상체 림프 순환이 원활하지 않으면 얼굴이 더욱 붓고 빵빵해 보일 수 있습니다. 평소 안 좋은 자세로 휴대폰이나 컴퓨터 등을 오래 보면 흉근이 짧아져 라운드 숄더, 굽은 등을 유발합니다. 일상에서 수시로 목과 어깨를 풀어주는 동작을 통해 림프 순환을 원활하게 해보세요. 얼굴에 생기가 돌면서 턱 선이 살아날 거예요.

3일 미션

A

바른 자세 유지하기
구부정한 자세는 혈액순환을 방해하고, 혈액순환이 원활하지 않으면 살이 찌기 쉬운 체질이 될 수밖에 없습니다. 일상에서 의식적으로 허리를 펴고, 가슴과 어깨를 여는 연습을 해보세요.

B

식사 시간 최소 15분 지키기
적은 양으로도 만족스러운 식사를 하기 위해서는 반드시 최소 15분 이상 식사하는 습관을 기르는 게 중요해요. 영상이나 휴대폰을 보며 먹으면 음식에 집중할 수 없어 포만감을 느끼기 어려워요.

C

식단 기록하기
다이어트할 때 운동보다 중요한 게 식단입니다. 식단을 어떻게 시작해야 할지 막막하다면, 먼저 식단 앱을 다운로드받아 매끼 뭘 먹는지 기록해보세요. 신체 조건에 맞는 소비량과 섭취량을 추천해줄 뿐만 아니라, 음식별 칼로리, 영양소를 한눈에 관리할 수 있어서 보다 균형 잡힌 식단 관리를 하는 데 많은 도움을 받을 수 있습니다(식단 관리 앱 추천 : FaTSecreT, Yazio).

3일 추천 운동

1일차

목 스트레칭 각 15초

목과 어깨 주변을 이완해 림프 순환에 도움을 주는 동작

❶ 편하게 앉은 상태에서 왼손으로 오른쪽 머리 옆쪽을 잡고 왼쪽으로 목을 당겨주세요.
❷ 호흡하며 자세를 유지합니다.
❸ 반대쪽도 동일하게 합니다.
✚ **추가 동작** 고개를 정면으로 향했다가 뒤통수를 잡고 오른쪽 무릎을 바라보며 뒷목을 풀어줍니다.

※ 이때 반대쪽 어깨의 긴장을 풀어주고 등은 굽히지 않습니다. 반대쪽도 동일하게 합니다.

2일차

암 서클 30초

거북목, 라운드 숄더를 교정해 턱 선을 살려주는 동작

❶ 앉거나 선 상태에서 양쪽 어깨를 위로 으쓱 올렸다가 뒤쪽으로 원을 그려줍니다.
❷ 호흡하면서 어깨로 원을 그리고 동작을 반복합니다.

※ 돌아올 때는 어깨, 팔의 긴장을 완전히 풀어주세요.

3일차

토끼 자세 30초

상체 순환 및 목과 얼굴선을 갸름하게 다듬어주는 동작

❶ 무릎을 꿇고 앉은 상태에서 양손으로 발뒤꿈치를 잡습니다.
❷ 내쉬는 숨에 상체를 앞으로 굽혀 이마가 무릎에 닿게 하고, 엉덩이를 들어 올리면서 정수리가 바닥에 닿게 합니다.
❸ 호흡하며 자세를 유지합니다.

※ 엉덩이를 들어 올릴 때 척추를 반드시 바르게 세워주세요.

※ 모든 동작은 2~3SET/가능하다면 하루 3개 동작 연속으로 도전해보기
※ 모든 동작은 기재된 시간 동안 자신의 페이스에 맞게 반복해서 진행합니다.

Follow the 3-day Meal Prep
3일 밀 프렙 따라 하기

재료		드레싱 재료
✓ 샐러드 채소 50g	☐ 버터 (이즈니) 1개	✓ 올리브유
☐ 로메인 상추 또는 청상추 8장	☐ 다시마 면 (해초미인) 1팩	☐ 참기름
☐ 방울토마토 23개		☐ 발사믹 식초
☐ 바나나 1개		☐ 화이트 와인 비니거
☐ 감자 2개		☐ 레몬즙
☐ 달걀 3개		☐ 진간장
☐ 당근 1개		☐ 맛간장
☐ 오이 1개		☐ 맛술
☐ 완두콩 ½컵		☐ 후춧가루
☐ 아보카도 ½개		☐ 청주 (선택)
☐ 바질 10장		☐ 다진 마늘
☐ 애호박 1개		☐ 마요네즈
☐ 양배추 약간		☐ 홀그레인 머스터드
☐ 적양배추 1개		☐ 알룰로스
☐ 마늘 10톨		☐ 소금
☐ 파 1단		
☐ 파프리카 ½개		
☐ 양송이버섯 3개		
☐ 닭 다리살 (하림) 100g		
☐ 닭 가슴살 (하림) 100g		
☐ 블랙 올리브 슬라이스 (로체토) 약간 (선택)		
☐ 후레쉬 모차렐라 미니 (덴마크) 5~6개		
☐ 양파 약간		

구운 '바나나' 치킨 스테이크 샐러드

317kcal 불순물 제거

달고 맛있는 바나나는 호불호 없이 대중적으로 사랑받는 과일입니다. 바나나 1개(약 100g) 칼로리는 대략 130~140kcal로, 다른 과일이나 채소에 비해 높은 편이지만, 운동 시 장시간 에너지를 내게 해주고, 풍부한 섬유질로 포만감을 주기 때문에 다이어트 식품으로 빠지지 않죠. 이번 챕터에서는 바나나와 닭 다리살을 노릇노릇하게 구워 한 끼 든든한 샐러드를 만들어볼 거예요. 바나나를 구우면 수분이 날아가고 영양소가 농축되기 때문에 바나나의 좋은 성분을 좀 더 효율적으로 섭취할 수 있습니다. 전자레인지에 껍질째 넣고 5분 정도 돌리면 구운 바나나를 쉽게 만들 수 있습니다. 이번 레시피에서는 프라이팬에 굽는 방법을 알려드리려고 해요.

난이도 Medium
소요 시간 25분

재료
- 바나나 1개
- 샐러드 채소 50g
- 방울토마토 7개
- 닭 다리살 100g
- 올리브유 적당량

드레싱 재료
- 올리브유 1큰술
- 참기름 1큰술
- 발사믹 식초 1큰술
- 소금 약간
- 후춧가루 약간

양념장 재료
- 진간장 3큰술
- 맛간장 1큰술
- 맛술 2큰술
- 알룰로스 1큰술
- 청주 1큰술(선택)
- 다진 마늘 ½큰술
- 후춧가루 약간

① 샐러드 채소는 흐르는 물에 씻어서 물기를 제거합니다.
② 방울토마토는 씻어서 반으로 잘라 준비합니다.
③ 닭 다리살은 흐르는 물에 깨끗이 씻고, 불필요한 지방은 제거합니다.
④ 팬에 올리기 전 키친타월로 닭 다리살의 물기를 제거해주세요.
⑤ 팬에 올리브유를 약간 두른 후 닭 다리살 껍질이 바닥에 오도록 해서 중간 불로 굽다가 약한 불로 줄입니다.
⑥ 분량의 재료로 양념장을 만들어 고기 위에 뿌린 후 노릇노릇해질 때까지 굽습니다.
⑦ 바나나는 껍질을 벗겨서 먹기 좋은 크기로 썰어줍니다.
⑧ 팬에 올리브유를 살짝 두르고 바나나를 올려 앞뒤로 노릇노릇 구워주세요.
⑨ 채소와 방울토마토를 그릇에 담고 구운 바나나를 올려주세요.
⑩ 마지막으로 ❻의 치킨 스테이크를 그릇에 담고 분량의 재료로 드레싱을 만들어 채소에 올리면 완성!

☛ 디톡스 포인트

뭐든지 과유불급! 바나나는 지나치게 많이 섭취하면 몸을 차게 하기 때문에 면역력이 약해지기 쉬운 겨울철에는 구워서 섭취하는 것을 추천합니다. 특히 수족냉증과 두통, 생리통 등이 있는 분은 주의하세요.

2

4

5

6

7

8

'감자' 샐러드

376kcal 나트륨 배출

감자에는 칼륨이 풍부해서 체내에 쌓인 나트륨을 배출하도록 해주는데, 이는 얼굴 부종 완화에 좋을 뿐만 아니라, 고혈압 환자의 혈압 조절에도 도움을 줍니다. 또 '밭에서 나는 사과'라는 별명이 있을 정도로 비타민 C를 풍부하게 함유해 피부 미백과 진정 효과도 뛰어납니다. 감자에는 녹말이 함유되어 있는데, 이 녹말이 포만감을 느끼게 해주어 식욕을 억제하는 효과가 있습니다. 또 식이 섬유가 풍부해 지방과 당이 체내 흡수되는 것을 막아, 혈중 콜레스테롤과 혈당을 낮추고 변비를 예방해줍니다.

Day 1

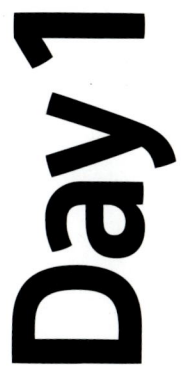

난이도 Medium

소요 시간 30분

재료
- 감자 2개
- 달걀 1개
- 당근 ¼개
- 오이 ½개
- 버터 1개(10g)
- 소금 약간
- 후춧가루 약간

드레싱 재료
- 마요네즈 3큰술
- 홀그레인 머스터드 1큰술
- 알룰로스 1큰술
- 레몬즙 ½큰술
- 소금 약간
- 후춧가루 약간

① 모든 채소를 흐르는 물에 씻은 후 채반에 받쳐 물기를 뺍니다.

② 씻은 감자를 찜기에 올려 약 20분간 찝니다.

③ 당근은 잘게 썰고, 오이는 껍질째 얇게 썰어주세요.

④ 당근과 오이에 소금을 뿌려 5분 정도 절입니다.
   소금에 절이면 수분이 생기는데, 5분 후 물기를 잘 제거해주세요.

⑤ 끓는 물에 소금을 넣은 후 달걀을 15분 정도 완숙으로 삶습니다. 찐 달걀의 흰자, 노른자를 분리해서 흰자는 잘게 다지고, 노른자는 체에 걸러 플레이팅용 가루로 만듭니다.

⑥ 찐 감자는 껍질을 벗기고 그릇에 담아 포크로 으깹니다.
   감자를 으깰 때는 식은 후보다 찜기에서 꺼내 뜨거울 때 으깨야 잘 으깨지니, 이 점도 참고해 주세요.

⑦ 으깬 감자에 버터와 소금, 후춧가루를 넣은 후 섞어주세요.

⑧ 볼에 으깬 감자, ❺의 다진 달걀흰자, 오이, 당근을 넣고 분량의 재료로 만든 드레싱을 3큰술 넣어 잘 버무려줍니다.
   드레싱은 취향대로 간을 보면서 추가해주세요.

⑨ 그릇에 담고 노른자 가루를 뿌려 완성합니다.

디톡스 포인트

감자는 전분이 비타민 C의 파괴를 막아주기 때문에 삶아도 영양을 그대로 섭취할 수 있지만, 물에 삶기보다는 전자레인지에 돌리거나 쪄서 먹는 것이 비타민 C를 비교적 많이 섭취할 수 있어요.

※ 감자 껍질 깔끔하게 빨리 벗기는 방법

1) 생감자를 돌려가며 가운데에 칼집을 내요.

2) 감자가 쪄진 후 칼집 낸 부분을 바깥쪽으로 벗겨주면 뚜껑처럼 쉽게 벗길 수 있어요.

'완두콩' 콥 샐러드

463kcal 나트륨 배출

콩과 샐러드를 좋아한다면, 고소하고 맛있게 즐길 수 있는 레시피를 소개합니다. 동글동글한 모양이 귀여운 완두콩은 고소하면서도 다른 콩에 없는 영양소를 함유해 다이어트할 때 영양 간식으로 좋은 식재료예요. 콩류 중 식이 섬유가 가장 많으며, 짙은 초록색을 띠게 하는 엽록소가 풍부해 디톡스 효과가 탁월하고, 손상된 혈관 세포가 재생되는 것을 돕기 때문에 혈관 건강에도 좋답니다. 또 칼륨이 혈관 내 나트륨을 배출시켜 퉁퉁 부은 얼굴, 다리 등 몸의 부종을 빼는 데 효과적입니다. 콩과 식물 중 유일하게 사포닌을 함유해 항염증 효과까지 발휘한다고 하니 식단에 자주 포함시키면 너무 좋겠죠? 콥 샐러드는 콥(Cobb)이라는 셰프가 주방에서 남은 채소로 만든 데서 유래한 것으로, 냉장고 속 재료로 간단히 만든 샐러드를 뜻해요.

Day 2

난이도 Easy

소요 시간 20분

재료
- 완두콩 ½컵
- 방울토마토 6개
- 달걀 1개
- 아보카도 ½개
- 닭 가슴살 100g
- 양배추 약간
- 블랙 올리브 슬라이스 약간
- 소금 약간
- 후춧가루 약간
- 올리브유 적당량

드레싱 재료
- 올리브유 4큰술
- 화이트 와인 비니거 (또는 식초) 4큰술
- 알룰로스 1큰술
- 홀그레인 머스터드 1큰술

① 완두콩은 껍질째 흐르는 물에 깨끗이 씻습니다.
  완두콩은 껍질이 짙은 녹색을 띠며 흐물흐물하지 않고 탄력 있는 것을 고르는 것이 좋습니다.

② 냄비에 물을 1L 넣고 팔팔 끓으면 소금 1큰술을 넣은 후 완두콩을 넣어 5분 정도 끓입니다.

③ 익힌 완두콩은 물에서 건져 채반에 옮기고, 찬물로 한번 헹궈줍니다.

④ 끓는 물에 소금을 넣은 후 달걀을 15분 정도 완숙으로 삶은 후 슬라이스합니다.

⑤ 달군 프라이팬에 올리브유를 두른 후 닭 가슴살을 굽습니다. 그런 다음 소금과 후춧가루로 간한 후 먹기 좋은 크기로 썰어주세요.

⑥ 토마토, 아보카도, 양배추도 씻어서 먹기 좋은 크기로 썰어주세요.

⑦ 분량의 재료로 콥 샐러드와 잘 어울리는 프렌치 드레싱을 만듭니다.

⑧ 그릇에 닭 가슴살과 삶은 달걀, 채소를 담고 삶은 완두콩과 블랙 올리브를 올린 후 드레싱을 부어 완성합니다.

디톡스 포인트

일반적인 콥 샐러드는 옥수수 콘을 사용하지만, 식물성 단백질 중에서도 필수아미노산을 모두 갖춘 단백질 덩어리 완두콩을 활용한 콥 샐러드를 만들어볼게요.

※ 완두콩 보관법
콩을 보관할 때는 껍질째 비닐 봉지에 담아 냉장 보관합니다. 또는 껍질을 벗겨 냉동 보관했다가 완두콩밥을 할 때 적당히 넣어도 좋습니다.

1

3

5

6

'토마토' 카프레제 샐러드

162kcal 불순물 제거

Day 2

부종은 세포 사이 수분이 정상 수치보다 과다 축적되어 몸이 붓는 현상입니다. 지속적으로 나타날 경우 통증까지 유발할 수 있기 때문에 평소 올바른 습관을 통해 부종을 예방하고, 부기를 빼는 데 좋은 음식을 섭취해 꾸준히 관리하는 것이 필요해요. 토마토는 비교적 저렴한 가격으로 시중에서 쉽게 구할 수 있는 식품입니다. 파스타, 샐러드, 주스 등 활용도가 매우 높아서, 다이어트 식단에 꼭 포함되는 식재료이기도 하죠. 토마토를 꾸준히 먹으면 나트륨이 원활하게 배출되어 혈액이 맑아지고 안색이 밝아집니다. 토마토 열량은 100g당 17kcal로 큰 토마토 1개(200g)를 먹어도 30kcal 내외라 부담 없이 먹을 수 있어요. 이번 챕터에서는 상큼한 토마토, 고소한 모차렐라 치즈, 그리고 바질의 맛과 색이 조화를 이루는 이탈리아 카프리섬의 카프레제 샐러드를 소개해드리려고 해요.

난이도 Easy

소요 시간 10분

재료
- 방울토마토 10개
- 미니 모차렐라 치즈 5~6개
- 바질 10장
- 블랙 올리브 슬라이스 약간 (선택)
- 소금 약간
- 후춧가루 약간

드레싱 재료
- 올리브유 1큰술
- 진간장 1큰술
- 발사믹 식초 1큰술
- 레몬즙 ½큰술
- 다진 마늘 ½큰술
- 다진 양파 ½큰술

① 방울토마토는 깨끗이 씻어 먹기 좋게 반으로 썰어놓습니다.
② 바질도 깨끗이 씻어주세요.
③ 미니 모차렐라 치즈를 준비합니다.
　큰 사이즈라면 먹기 좋은 크기로 썰어주세요.
④ 블랙 올리브를 꺼내 물기를 제거한 후 준비해주세요.
⑤ 분량의 재료로 드레싱을 만들어둡니다.
⑥ 준비한 재료를 모두 그릇에 담고 드레싱을 부어주세요.
⑦ 간이 심심하다면 소금과 후춧가루를 뿌려 마무리합니다.

☞ 디톡스 포인트

덜 익은 토마토는 독성이 있어 구토나 설사를 유발할 수 있기 때문에, 잘 익어서 짙은 붉은 색을 띠고, 껍질이 단단하며 들었을 때 묵직한 것을 고르는 게 좋아요. 방울토마토는 꼭지를 제거한 후 냉장실이 아닌 실온에 보관하는 것이 신선도를 더 오래 유지하는 방법입니다.

1

2

5

'애호박' 샐러드

109kcal 포만감 up

애호박은 100g당 17kcal로, 저칼로리에 식이 섬유가 풍부해 조금만 먹어도 포만감을 느끼게 해주는 훌륭한 다이어트 재료입니다. 또 신진대사를 촉진해 지방을 태우기 쉬운 몸 상태로 만들어줍니다. 이는 지방 연소를 돕는 비타민 A와 신진대사를 활발하게 해주는 요오드 성분을 함유하고 있기 때문입니다. 단, 애호박이 다이어트에 좋다고 매일 먹는 것은 바람직하지 않습니다. 애호박에 단백질과 식이 섬유가 풍부한 건강한 식단과 운동을 병행해야 최상의 다이어트 효과를 낼 수 있습니다. 이번 챕터에서는 냉장고에 있는 갖가지 채소를 애호박과 함께 구워서 따뜻하게 먹을 수 있는 웜 다이어트 샐러드 볼 레시피를 소개합니다.

Day 3

난이도 Easy

소요 시간 20분

재료
- 애호박 1개
- 적양배추 ⅛개
- 마늘 10톨
- 파 1단
- 파프리카 ½개
- 당근 ¼개
- 양송이버섯 3개
- 로메인 상추 또는 청상추 5장
- 소금 약간
- 후춧가루 약간
- 올리브유 적당량

드레싱 재료
- 물 2큰술
- 간장 1큰술
- 발사믹 식초 1큰술
- 알룰로스 1큰술

① 준비된 모든 채소를 씻어서 준비해주세요.
② 애호박은 1~2cm 정도로 두툼하게 썰어줍니다.
③ 양배추는 8등분해 준비합니다.
④ 파는 5~6cm 정도로 잘라 반으로 갈라서 준비합니다.
⑤ 마늘은 약간 두툼하게 편으로 썰어놓습니다.
⑥ 파프리카, 당근, 양송이버섯은 먹기 좋은 크기로 잘라 준비합니다.
⑦ 달군 프라이팬에 올리브유를 두른 후 중간 불에서 파와 마늘을 굽습니다.
⑧ 파, 마늘 향을 입힌 기름에 애호박을 앞뒤로 굽습니다. 소금, 후추로 약간의 간을 해주세요.
⑨ ❽에 로메인 또는 청상추를 제외한 나머지 채소와 분량의 재료로 만든 드레싱을 부어 약한 불에서 더 굽습니다.
⑩ 그릇에 로메인 또는 청상추를 깔고 구운 채소를 플레이팅해서 완성합니다.

양배추가 너무 크면, 먹기 좋게 손으로 찢어 잘라주세요. 채소만 먹기 심심하다면 단백질인 닭고기나 달걀을 추가하거나 현미밥을 지어 든든하고 따뜻한 한 끼로 먹는 것을 추천합니다.

디톡스 포인트

애호박은 기름을 두르고 요리해야 지용성비타민이 잘 흡수됩니다. 당근 역시 기름과 함께 볶아 먹으면 영양분을 최대한 흡수할 수 있습니다.

2  3  6

7  8  9

'다시마' 면 비빔국수

130kcal / 림프순환

혈액순환만큼 중요한 림프 순환. 아무리 푹 자고 일어나도 얼굴이 붓고, 피부가 칙칙하고, 피곤하다면 림프가 꽉 막혀 있을지도 몰라요. 체내로 들어오는 불순물은 림프관을 통해 해독 과정을 거치는데, 림프 순환이 원활하지 않으면 면역 시스템이 정상적으로 작동하지 못하고, 노폐물이 체액과 함께 정체해 부종 악화 및 만성 염증을 초래할 수 있어요. 림프 순환에 좋은 식품으로는 해조류, 견과류, 채소 등이 있는데, 그중에서도 다시마에는 수용성 식이 섬유인 알긴산이 풍부해서 체내의 불순물을 대소변으로 배출하는 데 탁월한 작용을 한답니다. 이번 레시피는 다시마 면과 채소만 있다면 조리 없이 5분 만에 먹을 수 있는 초간단 레시피입니다.

난이도 Easy

소요 시간 5분

재료
- 다시마 면 1팩
- 상추 3장
- 적양배추 ⅙개
- 당근 ¼개
- 오이 ⅙개
- 달걀 1개
- 소금 약간

① 준비된 모든 채소를 씻어서 준비해주세요.
② 적양배추, 당근, 오이는 채 썰어줍니다.
③ 상추는 먹기 좋게 듬성듬성 잘라주세요.
④ 끓는 물에 소금을 넣은 후 달걀을 15분 정도 완숙으로 삶아줍니다.
⑤ 다시마 면은 봉지를 뜯고 채반에 담아 보존수를 뺍니다.
⑥ 흐르는 물에 면을 헹구고 물기를 빼서 그릇에 담습니다.
⑦ ❻에 손질한 채소를 담고 삶은 달걀을 반으로 잘라 올립니다.
⑧ 다시마 면에 동봉된 소스를 뿌리면 완성입니다.

디톡스 포인트

다시마 면은 간편하게 섭취할 수 있게 팩으로 포장되어 나오는데, 어떤 브랜드 제품을 선택해도 무관합니다. 제가 레시피에서 사용한 다시마 면은 180g(보존수 제외) 기준 11kcal밖에 되지 않아, 다이어트할 때 부담 없이 즐길 수 있습니다. 생채소를 이용해 영양 손실이 없고, 아삭아삭한 식감을 즐길 수 있어요. 또 조리가 간편해서 시간이 없을 때 먹기 좋은 다이어트 식단입니다.

2

3

4

5

6

7

3-day 프로그램 ❺

칙칙한 피부 톤을 생기 있게

피부가 활력 없이 건조하고 칙칙하다면 혈액순환이 잘 안 되고 있을 가능성이 높아요. 몸의 혈액순환을 도와주는 스트레칭을 수시로 하면 신진대사를 촉진하고, 피부 노폐물을 배출해줍니다. 건강한 식단과 함께하면 환하고 생기 도는 피부 만들기, 어렵지 않아요!

3일 미션

A

비타민 C 섭취

비타민 C는 유해한 환경으로부터 피부를 보호하는 강력한 항산화제예요. 피부 재생 속도를 높이고 피부 톤을 맑게 가꿔주는 효과가 있죠. 평소 비타민 C가 많은 과일, 채소를 섭취하고 부족한 영양소를 잘 챙겨 먹는 것이 도움이 됩니다.

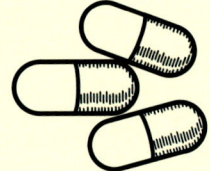

B

최소 7시간 이상 수면

충분한 수면은 깨끗하고 맑은 피부를 위한 필수 조건입니다. 우리 몸은 잠을 통해 손상된 피부를 재생하는데, 잠을 충분히 자지 않으면 습진, 건선, 피부 노화 등 피부 트러블이 생길 가능성이 높아집니다.

C

스트레스받지 않기

심리적인 스트레스는 피부 노화를 촉진합니다. 스트레스는 면역 체계와 깊은 연관이 있고, 이는 피부 건강에도 부정적인 영향을 미칩니다. 자신만의 스트레스 해소법을 찾아 기분을 전환하고, 소중한 피부를 보호하세요.

3일 추천 운동

1일차

앞 목 늘이기
15초 x 2회

목 부위 림프 순환을 촉진해 피부를 탄력 있게 가꿔주는 동작

❶ 손을 합장하고 엄지손가락을 턱과 목 사이에 둔 후 고개를 위로 올려주세요.
❷ 앞 목을 쭉 늘이면서 어깨가 올라가지 않게 긴장을 풀어줍니다.
❸ 자세를 유지하며 호흡합니다.

※ 목과 어깨의 긴장감은 최대한 풀어주세요.

2일차

얼굴 마사지
10회 x 수시로

톤이 좋고 윤기 나는 피부를 위한 동작

❶ 생각날 때마다 입을 최대한 크게 벌리며 '아에이오우'를 10번씩 합니다.

※ 얼굴 근육은 일부러 움직이지 않으면 딱딱해지고 혈색도 어두워집니다. 볼 한쪽씩 바람을 넣는 동작도 도움이 되니, 수시로 함께 해주세요.

3일차

누워서
무릎 당기기
각 15초

체내 가스를 제거해 혈액순환을 돕는 동작

❶ 편하게 누운 상태에서 한쪽 무릎을 굽혀 가슴 쪽으로 당깁니다.
❷ 양손은 정강이 앞에서 깍지를 낍니다.
❸ 내쉬는 숨에 깍지에 힘을 주며, 무릎을 가슴 쪽으로 당깁니다. 반대쪽도 동일하게 시행합니다.

※ 턱이 너무 들리거나 엉덩이가 바닥에서 떨어지지 않게 합니다.

※ 모든 동작은 2~3SET/가능하다면 하루 3개 동작 연속으로 도전해보기
※ 모든 동작은 기재된 시간 동안 자신의 페이스에 맞게 반복해서 진행합니다.

Follow the 3-day Meal Prep
3일 밀 프렙 따라 하기

재료

- ✓ 샐러드 채소 140g
- ☐ 새싹 채소 1줌
- ☐ 마늘 10톨
- ☐ 새우 6~7마리
- ☐ 시금치 100g
- ☐ 딸기 8개
- ☐ 키위 1개
- ☐ 방울토마토 16~18개
- ☐ 블루베리 10개
- ☐ 아보카도 ½개
- ☐ 크러시드 페퍼 또는 파슬리 가루 약간(선택)
- ☐ 한라봉 1개
- ☐ 적양파 ⅛개
- ☐ 양파 ¼개
- ☐ 베이비 무 약간
- ☐ 빨강·노랑 파프리카 각 ¼개
- ☐ 당근 ¼개
- ☐ 양송이버섯 3개
- ☐ 가지 ¼개
- ☐ 고구마 ½개
- ☐ 리코타 치즈 약간
- ☐ 통밀 파스타 면(디벨라) 100g
- ☐ 우유 50㎖(½컵)

- ☐ 프로슈토(더샤퀴테리아) 약간
- ☐ 부라타 치즈(유로포멜라) 1개
- ☐ 두부 면(풀무원) 1팩
- ☐ 닭 안심살(바르닭) 100g
- ☐ 찌개두부(풀무원) 70g(¼모)
- ☐ 캐슈넛(그린너트) 70g
- ☐ 오리지널뉴 하루견과(덕타넛츠) 1봉지
- ☐ 리얼 그레이티드 파르메산 치즈 가루 (OKPUTO) 약간(선택)

드레싱 재료

- ✓ 올리브유
- ☐ 진간장
- ☐ 발사믹 식초
- ☐ 알룰로스
- ☐ 레몬즙
- ☐ 꿀
- ☐ 식초
- ☐ 다진 마늘
- ☐ 통깨
- ☐ 소금
- ☐ 후춧가루

'시금치' 페스토 파스타 샐러드

505kcal / 피부건강

세계 10대 슈퍼푸드로 선정된 바 있는 시금치에는 비타민 A·C·E 등 피부 건강을 돕는 성분이 풍부하게 들어 있어요. 이 성분들은 체내 산화 작용을 막아주는데, 노화와 염증 억제 등의 기능으로 피부 건강에 도움을 줍니다. 또 생리, 임신, 출산 등으로 철분이 부족해지기 쉬운 여성들의 빈혈을 예방하는 효과도 있습니다. 엽산과 항산화제가 풍부해서 치매를 예방하고, 시력을 개선해줄 뿐만 아니라, 콜레스테롤 수치를 낮춰주고, 각종 노폐물과 불순물을 몸 밖으로 배출하는 역할을 합니다. 시금치 페스토는 우유와 치즈를 섞어 파스타 소스로 활용해도 좋지만, 통밀빵에 발라 먹거나 샌드위치를 해 먹어도 훌륭한 재료가 된답니다. 유리병에 보관하면 냉장고에 일주일 정도 보관 가능하니 한번 만들어 여러 레시피에 활용해보세요.

난이도 Medium

소요 시간 25분

재료
- 통밀 파스타 면 100g
- 시금치 100g
- 마늘 10톨
- 새우 6~7마리
- 새싹 채소 1줌
- 우유 50㎖(½컵)
- 소금 약간
- 후춧가루 약간
- 파르메산 치즈 가루 약간(선택)

페스토 재료
- 견과류 50g
- 올리브유 5큰술
- 소금 약간
- 후춧가루 약간

① 깊고 커다란 냄비에 물을 넣고 끓입니다.
② 물이 팔팔 끓으면 소금을 넣고 파스타 면을 넣어 물에 잠기게 합니다.
③ 파스타 면을 삶는 동안 시금치를 씻어 그릇에 담고 뚜껑을 덮은 후 전자레인지에 2~3분 돌려주세요.
④ 데친 시금치와 분량의 페스토 재료를 믹서에 넣고 돌려 페스토를 만듭니다.
  페스토를 담은 유리병에 올리브유를 채워 넣으면 공기를 차단해 부패를 막을 수 있어요.
⑤ 플레이팅 시 올릴 새싹 채소를 씻은 후 채반에 받쳐 물기를 제거해주세요.
⑥ 면을 약 9~10분간 삶은 후, 한 가닥을 꺼내 익었는지 확인하고 채반에 받쳐 물기를 뺍니다.
⑦ 팬을 달군 후 마늘을 넣고 중간 불에서 약 2분간 볶습니다.
⑧ ❼에 새우를 넣고 볶아서 익혀주세요.
  냉장고에 있는 채소를 더 구워도 좋아요.
⑨ ❹의 시금치 페스토를 ❽에 넣고 섞어줍니다.
⑩ 우유를 ½컵 정도 넣고 조금 더 끓이다가 파스타 면을 넣고 잘 섞어주세요.
⑪ 면을 그릇에 담고 새싹 채소를 올려 예쁘게 플레이팅합니다.
⑫ 부족한 간은 소금, 후춧가루 또는 파르메산 치즈 가루로 보충합니다.

디톡스 포인트

시금치는 삶으면 일부 수용성 영양소가 흘러나올 수 있으므로, 가볍게 씻은 후 그릇에 넣고 뚜껑을 덮어 전자레인지에 돌립니다.

2  3  4

8  9  10

'키위' 부라타 치즈 샐러드

406kcal / 변비 완화

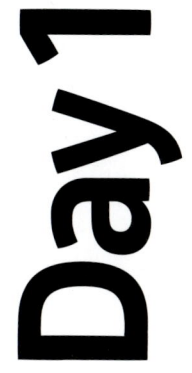

다이어트로 음식 섭취량을 줄이면 가장 먼저 나타나는 흔한 반응 중 하나가 바로 '변비'입니다. 장이 활발하게 움직여 배변 활동이 제대로 이루어져야 하는데, 노폐물이 배출되지 못하고 장에 오래 머물면 피부 트러블이 생기고 면역력에도 악영향을 미칩니다. 키위에 함유된 섬유소는 사과보다 수분을 더 많이 머금을 수 있어 장운동을 활발하게 하고, 변비를 해소하는 역할을 합니다. 특히 액티니딘이 소화를 돕고, 육류, 콩 등 단백질을 분해합니다. 고기를 재울 때 키위를 넣어 양념을 하는 것도 액티니딘이 단백질을 분해해 고기를 연하게 만들어주기 때문입니다.

난이도 Easy

소요 시간 10분

재료
- 키위 1개
- 방울토마토 6~7개
- 샐러드 채소 30g
- 부라타 치즈 1개
- 블루베리 10개
- 프로슈토 약간

드레싱 재료
- 올리브유 2큰술
- 진간장 1큰술
- 발사믹 식초 1큰술
- 알룰로스 ½큰술
- 레몬즙 ½큰술
- 소금 약간
- 후춧가루 약간

① 준비한 과일과 채소를 흐르는 물에 씻은 후 채반에 받쳐 물기를 뺍니다.

② 키위는 반으로 잘라 1㎝ 정도 두께의 반원으로 잘라주세요.
　키위는 껍질을 같이 먹으면 더 많은 영양소를 섭취할 수 있으나 까칠한 식감 때문에 불편하다면 껍질을 제거해도 무방합니다.

③ 방울토마토는 반으로 자릅니다.

④ 샐러드 채소를 먼저 그릇에 담고 준비한 과일과 프로슈토를 담습니다.

⑤ 맨 위에 부라타 치즈를 올린 후 분량의 재료로 만든 드레싱을 뿌립니다.
　부라타 치즈를 냉동 제품으로 구매했다면 미리 냉장실에 넣어둔 후 사용하세요. 염도가 낮으면서 부드럽고 크리미한 부라타 치즈는 어느 과일과도 잘 어울립니다.

디톡스 포인트

골드키위, 그린키위 모두 비타민 C E, 칼륨, 엽산 및 항산화 성분이 풍부하니, 샐러드에 넣어 맛있게 즐기고, 장 건강은 물론 피부 건강도 챙겨보세요.

'아보카도' 두부 면 샐러드

390kcal / 피부건강

다이어트하면서 닭 가슴살과 달걀에 질렸다면? 그렇지만 건강하면서도 가벼운 식사를 원한다면 아보카도와 두부 면을 활용한 샐러드를 만들어보는 것은 어떨까요? 특히 평소 탄수화물을 많이 먹는다면 하루 한 끼 정도는 단백질과 식이 섬유가 가득한 가벼운 식단으로 끼니를 채워보는 걸 추천합니다. 숲속의 버터라고 불리는 아보카도는 기네스북에 등재될 정도로 영양이 풍부한 과일입니다. 아보카도의 항산화 성분은 면역력을 높여주고 체내 불순물을 배출해 간을 건강하게 해줍니다. 또 단일 불포화지방산이 피부 표피층의 수분 함량을 높여 피부를 밝고 생기 있게 해줄 뿐만 아니라, 트러블도 방지해줍니다. 요리한 후 남은 아보카도는 명란과 함께 비빔밥을 해 먹어도 좋고, 과카몰리를 만들어 샌드위치나 샐러드에 넣어도 좋아요.

난이도 Easy

소요 시간 10분

재료
- 아보카도 ½개
- 두부 면 1팩(100g)
- 샐러드 채소 30g
- 크러시드 페퍼 또는 파슬리 가루 약간(선택)

드레싱 재료
- 올리브유 3큰술
- 진간장 3큰술
- 레몬즙 2큰술
- 꿀 2큰술
- 식초 1큰술
- 다진 마늘 ½큰술
- 소금 약간
- 후춧가루 약간

① 샐러드 채소를 찬물에 씻은 후 채반에 받쳐 물기를 뺍니다.
② 두부 면은 충전수를 버리고 물에 한번 헹굽니다.
③ 아보카도는 잘 익은 것으로 준비해 반을 가른 후 살짝 비틀어서 잘라줍니다.
④ 아보카도 껍질을 벗긴 후 ½개를 칼로 얇게 썰어줍니다.
⑤ 물기를 뺀 샐러드 채소를 그릇에 올립니다.
⑥ 그릇 한쪽에 두부 면을 올리고, 다른 쪽에 아보카도를 올립니다.
⑦ 분량의 재료로 만들어둔 드레싱을 뿌립니다.
⑧ 크러시드 페퍼 또는 파슬리 가루를 뿌려 플레이팅하면 완성!

디톡스 포인트

덜 익은 아보카도에는 독성 물질이 있기 때문에, 녹색이 아닌 진갈색을 띠고 완전히 익은 것을 선택하세요. 잘 익은 아보카도는 생으로 먹는 것이 가장 좋아요.

'한라봉' 리코타 치즈 샐러드

223kcal / 피부노화방지

달콤새콤한 샐러드를 먹고 싶을 때 즐기기 좋은 레시피를 소개합니다. 비타민 C가 풍부한 한라봉은 콜라겐을 생성해서 기미와 잡티를 제거해주고, 면역력이 저하되는 겨울철 바이러스성 질환을 예방해줍니다. 또 속껍질에 함유된 비타민 P는 나쁜 콜레스테롤인 LDL 수치를 낮춰 혈관 내에 중성지방이 축적되는 것을 막아줍니다. 한라봉 대신 비타민 C가 풍부한 귤, 딸기, 사과 등의 과일로 대체해도 좋습니다. 다만, 한라봉은 차가운 성질이 있어 몸이 냉하거나 설사를 자주 한다면 주의해야 합니다.

Day 2

난이도 Easy

소요 시간 10분

재료
- 한라봉 1개
- 샐러드 채소 50g
- 방울토마토 7~8개
- 적양파 ⅛개
- 베이비 무 약간
- 리코타 치즈 약간
- 견과류 약간(선택)

드레싱 재료
- 올리브유 2큰술
- 발사믹 식초 2큰술
- 꿀 1큰술
- 레몬즙 1큰술
- 소금 약간
- 후춧가루 약간
- 통깨 약간

① 샐러드 채소와 한라봉은 깨끗이 씻은 후 물기를 뺍니다.
② 한라봉은 꼭지 부분을 잘라내고 과육만 도려냅니다.
③ 적양파는 얇게 채 썬 후 매운맛을 빼기 위해 찬물에 담가둡니다.
④ 방울토마토는 4등분하고, 베이비 무도 원형으로 얇게 썹니다.
⑤ 그릇에 샐러드 채소와 적양파를 가장 먼저 깔고, 그 위에 나머지 재료를 올립니다.
⑥ 치즈와 견과류를 뿌린 후 미리 만들어둔 드레싱을 뿌려 완성합니다.

☛ 디톡스 포인트

한라봉은 껍질이 얇고 과실이 무거운 것을 골라야 당도가 높아요. 껍질이 들떠 있거나 주름이 많으면 신선하지 않거나 당도가 낮을 수 있어요.

'파프리카' 어니언 닭 안심살 샐러드

250kcal 콜라겐 생성

다이어트와 피부 미용에 좋다고 알려진 파프리카. 파프리카와 피망을 혼동하는 분들이 있는데, 피망을 개량해 만든 품종 중 하나가 파프리카랍니다. 파프리카는 피망에 비해 수분이 많고 단맛이 강하며, 구웠을 때 단맛이 더욱 살아나고 고기와 매우 잘 어울립니다. 반 개만 먹어도 성인 하루 비타민 C 권장 섭취량을 충족시키는 재료로 컬러별로 효능이 다르답니다. 빨간색 파프리카는 항암·항산화 작용으로 면역력을 강화해주고, 주황색은 멜라닌 색소 생성을 억제해 미백과 아토피 피부염 완화에 좋아요. 노란색 파프리카는 칼슘, 인 등을 함유해 어린이의 성장을 촉진합니다. 이번 레시피에서는 구운 닭 안심살에 컬러 파프리카를 곁들인 포만감 있는 한 끼 샐러드를 만들어볼 거예요.

Day 3

난이도 Easy

소요 시간 15분

재료
- 빨강·노랑 파프리카 각 ¼개
- 양파 ¼개
- 당근 ¼개
- 양송이버섯 3개
- 가지 ¼개
- 닭 안심살 100g
- 방울토마토 3개
- 찐 고구마 ½개
- 올리브유 적당량

양념장 재료
- 올리브유 1큰술
- 진간장 1큰술
- 발사믹 식초 1큰술
- 알룰로스 1큰술
- 레몬즙 ½큰술
- 후춧가루 약간

① 모든 채소를 깨끗이 씻은 후 채반에 받쳐 물기를 뺍니다.
② 파프리카는 꼭지를 제거하고 먹기 좋은 크기로 썰어주세요.
③ 방울토마토는 꼭지를 제거하고 반으로 썰어주세요.
④ 양파, 당근, 버섯, 가지도 먹기 좋은 크기로 썰어줍니다.
⑤ 미리 찐 고구마도 먹기 좋게 썹니다.
⑥ 닭 안심살은 해동한 후 먹기 좋은 크기로 잘라 준비합니다.
냉동 보관한 닭 안심살은 물에 10분 정도 담그면 실온보다 좀 더 빨리 해동할 수 있어요.
⑦ 프라이팬에 올리브유를 두르고 닭 안심살을 앞뒤로 노릇노릇 굽습니다.
⑧ 어느 정도 익었을 때 파프리카, 양파, 당근, 버섯, 가지와 분량의 재료로 만든 양념장 3~5큰술을 넣고 같이 볶습니다.
취향에 맞게 간을 조절하세요.
⑨ ❽을 그릇에 담고 방울토마토와 고구마를 담습니다.

👉 디톡스 포인트

닭 안심살은 닭 1마리에 60g밖에 나오지 않는 특수 부위로 쫄깃하면서도 식감이 부드러울 뿐 아니라 단백질 함유량도 높아 다이어트 식단에 포함시키기 좋아요.

'딸기' 두부 크림치즈 샐러드

198kcal / 비타민 up

하루 8개만 먹어도 1일 비타민 C 권장 섭취량인 100㎎을 섭취할 수 있다는 딸기. 딸기에 풍부한 비타민 C는 피로, 스트레스가 쌓여 생기는 체내 활성산소를 제거하고 발암물질 생성을 억제합니다. 또 콜라겐 파괴 및 염증 생성을 막아주는 엘라그산이 피부 노화를 줄여줍니다. 딸기100g당 칼로리는 27kcal에 불과해서 다이어트 식품으로 많이 먹는 바나나(93kcal), 사과(57kcal)에 비해 낮아 부담 없이 즐길 수 있어요. 하지만 한번에 지나치게 많이 먹을 경우, 딸기에 포함된 과당을 과다 섭취해 다이어트에 방해가 될 수 있으니 주의하세요. 진하고 부드러운 크림치즈의 느낌은 살리면서, 건강하고 맛있게 먹을 수 있는 두부 크림치즈를 만들어보려고 해요. 여기에 샐러드 채소와 드레싱을 곁들이면 새콤달콤하고 맛있는 샐러드를 간편하게 즐길 수 있습니다.

Day 3

난이도 Medium

소요 시간 15분

재료
- 딸기 8개
- 샐러드 채소 30g
- 두부 ¼모(70g)
- 캐슈넛 70g

※ 캐슈넛은 미리 물에 5시간 불려서 준비해야 부드럽게 갈립니다.

- 레몬즙 ½큰술
- 소금 약간

드레싱 재료
- 올리브유 2큰술
- 발사믹 식초 2큰술
- 꿀 1큰술
- 레몬즙 1큰술
- 소금 약간
- 후춧가루 약간

① 딸기와 샐러드 채소는 흐르는 물에 깨끗하게 씻은 후 채반에 받쳐 물기를 뺍니다.
② 물기를 제거한 딸기는 꼭지를 따고, 반으로 잘라 준비해주세요.
③ 끓는 물에 두부를 넣고 약 1분간 데칩니다.
④ 데친 두부를 꺼내 채반에 받쳐 물기를 뺍니다.
⑤ 대충 자른 두부와 캐슈넛을 1:1 비율로 믹서에 넣고 너무 묽지 않게 갈아줍니다.
⑥ ❺에 물을 넣어 농도를 조절하세요.
⑦ ❻에 레몬즙을 넣은 후 간을 보며 소금을 약간 뿌려주세요.
⑧ 그릇에 샐러드 채소와 딸기를 넣고, ❼의 두부 크림치즈를 플레이팅합니다.

남은 드레싱은 냉장 보관하고 2~3일 내에 섭취합니다.

⑨ 드레싱을 뿌려 완성합니다.

👉 디톡스 포인트

딸기와 크림치즈는 실패하지 않는 조합입니다. 하지만 시중에서 파는 크림치즈는 칼로리가 높고 지방 함유량이 높아서 다이어트식에는 권장하지 않아요.

1

2

3

4

5

7

소피'S 다이어트 일기

다이어트할 때 먹는 양이 줄면 변비가 생기기 쉽더라고요. 무조건 먹는 양을 줄이는 게 아니라, 내 몸에 해가 되는 음식을 줄이고 이로운 음식을 잘 섭취해야 합니다. 그리고 수시로 물을 먹는 습관을 들인다면 변비 걱정 없이 건강한 다이어트를 할 수 있어요.

부기를 제거하기 위해서는 부종을 없애주는 식품을 섭취하는 것도 중요하지만, 부기를 예방하는 생활 습관을 기르는 것이 더욱 중요해요. 저는 평소에도 혈액순환을 원활하게 하기 위해 수시로 손, 발, 얼굴을 마사지하면서 독소가 쌓이기 쉬운 곳의 림프를 자극하고, 자투리 시간을 활용해서 스트레칭과 유산소운동을 하고 있어요.

건강한 한 끼를 든든하게 먹고 수시로 수분을 섭취해야 변비를 예방할 수 있습니다. 자고 일어나면 몸이 수분을 필요로 하기 때문에 따뜻한 물 1컵을 마시는 게 좋아요. 찬물을 마시면 그 물을 데우는 데 에너지를 쓰기 때문에 따뜻한 물을 마시는 것이 체내 흡수율을 높이고, 배변 활동도 원활하게 합니다.

물은 영양소로 생각하고 수시로 드세요. 뇌의 80%는 수분으로 이루어집니다. 물은 에너지를 생성하는 데 필요한 산소를 운반하며, 뇌 세포 사이사이를 채워 구조를 유지하는 역할을 해요. 하루 250ml짜리 컵으로 8잔 마시면 뇌 기능을 30% 향상시킬 수 있다고 하니, 오늘부터 꼭 8잔 마시기!

생과일, 채소와 통곡물 위주로 잘 챙겨 먹으면 체내 독소를 쉽게 배출할 수 있습니다. 따로 챙겨 먹기 어렵다면 고기 먹을 때 쌈채소를 듬뿍 먹거나, 밥을 할 때 현미, 귀리, 키노아 등을 섞는 등 일상 속 작은 습관부터 바꿔보세요.

이유 없이 여기저기 아프다면 일주일에 2~3번 폼롤러로 근막을 풀어보세요. 근막은 근육을 감싸고 있는 얇은 막을 뜻해요. 나이가 들면 근막이 더욱 팽팽해지는데, 이것이 근육과 관절 통증을 유발합니다. 근막은 스트레칭만으로는 쉽게 이완되지 않는 경우가 많으니 매일 5분만 투자해서 폼롤러로 목, 어깨, 허벅지, 엉덩이 등을 풀어보세요. 몸이 훨씬 가벼워질 거예요.

건강한 몸과 마음을 유지하고 다이어트에 성공하기 위해서는 질 좋은 숙면이 매우 중요합니다. 저는 잘 자기 위해 밤에는 흰색 LED 빛보다 황색 전구를 켜고, 잘 때는 암막 커튼을 쳐서 빛을 완전히 차단합니다. 또 전자 기기에서 나오는 작은 불빛도 차단하고, 휴대폰도 멀리 두려고 노력하고 있어요.

식사를 할 때는 지금 먹고 있는 음식에만 집중하는 습관을 길러보세요. 영상을 시청하거나, 업무를 보며 음식을 섭취하면 내가 얼마만큼 먹었는지 모를 뿐 아니라, 포만감을 제대로 느낄 수 없기 때문에 과식할 수 있어요. 오늘부터는 음식 고유의 맛에 집중하며 천천히 음미하듯 먹어보세요.

 # 자신의 몸을 자주 살펴보는 습관을 들여보세요. 셀룰라이트와 지방이 가득한 몸이라 보고 싶지 않다고요? 그럴수록 더욱 관심을 가지면 다이어트할 동기를 얻게 될 거예요. 가장 효과적인 자극제는 바로 자신이라고 생각해요. 몸이 평소보다 부었다면 어제 먹은 음식을 떠올리며 반성하고, 오늘 몸이 좀 괜찮아 보인다면 운동도 하고 건강하게 먹으려 노력한 자신을 칭찬해주세요.

 # 유독 다리가 붓고 평소 발이 차다면 하체 순환이 잘 되지 않는다는 증거입니다. 반신욕이나 족욕을 하거나, 잘 때도 수면 양말을 신으면 하체를 따뜻하게 해줘서 혈액순환이 촉진됩니다.

 # 바쁘디바쁜 현대사회, 특히 여유가 없는 아침에는 식사를 거르기 쉽죠. 하지만 아침을 거르면 오전 내내 집중력이 떨어지고, 점심과 저녁에 과식하기 쉬워요. 무설탕 요거트나 견과류 등 간단하게 먹을 수 있는 음식을 미리 준비해서 아침을 먹는 습관을 들여보세요. 에너지 가득한 하루를 시작할 수 있을 거예요.

 # 피부 바깥 층에 각질이 쌓이면 피부가 건조하고 칙칙해 보일 뿐 아니라, 모공이 제대로 숨 쉬지 못해 트러블이 생길 수 있어요. 저는 주 2회 정도 얼굴과 몸 피부의 각질을 제거하고, 피부를 오래 촉촉하게 해주는 보습제를 발라 관리하고 있어요.

 # 식사를 할 때, 먹을 만큼만 덜어 먹는 습관을 들여보세요. 남은 음식을 다 처리해야 한다는 생각을 하면, 배가 불러도 계속 먹게 되어 과식을 하고, 다이어트에 실패할 확률이 높아집니다. 포만감을 느끼면 그만 먹는 습관을 들이는 것이 필요해요.

 # 외식이나 배달 음식에는 설탕, 소금 같은 조미료가 많이 들어가기 때문에 자극적인 맛이 나죠. 조미료를 많이 첨가한 음식은 고지혈증, 당뇨병 등 각종 성인병 발병 위험을 높이고 부종을 일으키기 때문에 가급적 자제하는 것이 좋아요. 자극적인 음식은 먹을수록 중독성을 띠어, 다이어트에 나쁜 영향을 미칩니다. 맵고 짠 음식을 좋아한다면 일상에서 조금씩 줄여나가 식습관을 건강하게 개선해보세요.

 # 지나친 의욕만 앞세워 운동을 과하게 하면 몸에 무리가 올 수 있어요. 어떤 운동이든 본인의 체력을 정확하게 알고 그에 맞춰 하는 것이 중요해요. 그리고 본운동을 하기 전에 몸을 따뜻하게 해주는 웜업 스트레칭을 해야 운동 중 발생할 수 있는 부상을 막을 수 있습니다.

 # 나이가 들면서 피부 탄력이 떨어지고, 턱 근육이 수축하면서 얼굴형이 변한다고 해요. 꾸준히 얼굴 운동을 하면 이목구비를 좀 더 또렷하게 해주고 젊어 보이게 하는 효과가 있어요. 생각날 때마다 입을 크게 벌리고 '아에이오우' 연습을 하며 얼굴 근육을 많이 움직여주세요.

 # 우리 몸과 마음은 연결되어 있어요. 정신이 건강해야 육체도 건강할 수 있어요. 저는 정신 건강을 해치는 것 중 하나가 바로 '완벽주의'라고 생각합니다. 직장에서든 집에서든 100% 완벽하지 않은 것을 실패라고 생각하는 사고방식이 정신 건강을 해치는 것 같아요. 자신을 너무 채찍질하기보다는 고생한 스스로를 보듬어주는 시간이 필요합니다.

 # 체온이 1℃ 올라가면 면역력이 30% 증가한다고 해요. 우리 몸은 적정 체온이 유지될 때 혈액순환과 대사에 핵심적인 역할을 하는 효소가 가장 활발하게 움직입니다. 기초대사량이 높은 사람은 같은 양을 먹어도 소비하는 에너지가 많기 때문에 상대적으로 살이 쉽게 찌지 않아요. 저는 체질이 차고 수족냉증이 있어서 보온에 특별히 신경 쓰는 편입니다. 수시로 따뜻한 물을 마시고, 항상 배를 따뜻하게 하고, 집에서도 양말을 신어요. 몇 년간 이런 습관을 지속하다 보니 기초 체온이 올라가고 건강도 예전에 비해 더욱 좋아진 걸 느낍니다.

 # 우리는 이미 지나간 과거, 아직 일어나지도 않은 미래에 대한 생각을 하느라 많은 시간을 허비하는 것 같아요. 저도 그럴 때가 많은데, 지금 이 순간의 감각에 집중하는 연습을 하고 있어요. 현재에 집중하면 행복 호르몬인 세로토닌이 분비되어 우울, 강박증을 극복하는 데도 많은 도움이 된다고 합니다. 삶이 훨씬 즐겁고 행복해진 느낌이 들고요. 여러분도 지금 이 순간, 현재를 즐기는 노력을 해보세요.

 # 체중 감량을 원한다면 식단 관리와 함께 지속적으로 운동하는 것이 중요합니다. 식단만으로 성공한 체중 감량은 요요가 오기 쉽습니다. 운동은 다이어트를 위해서뿐 아니라, 몸과 마음의 건강을 위해서 규칙적이고 지속적으로 하는 것이 중요합니다. 무엇보다 자신에게 맞는 운동을 찾아야 즐겁게 지속할 수 있어요. 아직 자신에게 맞는 운동을 찾지 못했다면, 1일 클래스(PT, 클라이밍, 요가, 필라테스 등) 체험을 통해 판단해도 좋을 것 같아요.

 # 피부 관리의 기본은 꼼꼼한 세안과 보습인 것 같아요. 저는 극건성 피부에 집에 아기가 있어서 가습기를 이용하거나 젖은 세탁물 널기 등으로 실내 습도를 최소 50~60%로 유지하고, 물을 수시로 먹는 것을 습관화하고 있어요.

 # 변비를 없애기 위해서는 식이 섬유가 풍부한 음식이나 물을 충분히 섭취하는 것도 중요하지만, 많이 움직여야 장도 충분히 움직이고 제때 변을 볼 수 있어요. 대장은 시계 방향으로 움직이니까, 같은 방향으로 마사지하듯 문질러줘도 좋고, 몸을 비트는 스트레칭도 변비 완화에 도움을 줄 수 있어요.

많이 움직이고 적게 먹는 것은 다이어트의 기본입니다.
굳이 헬스장에서 운동하지 않더라도
먹는 양을 줄이고 일상에서 더 많이 움직이면
같은 양을 먹어도 살이 덜 찌는 체질로 서서히 변하게 됩니다.

오늘부터는
일상에서 더 많이 움직이고 적게 먹는 습관을 들여보세요.

5Days Detox Diet

3일 디톡스 프로그램에 익숙해졌다면, 5일 디톡스 프로그램에 도전해보세요. 일반적으로 디톡스 식단이라고 알려진 클렌즈 주스 혹은 원 푸드 다이어트가 아닌, 건강한 식재료로 탄단지가 균형을 이루는 식단으로 체내 독소를 배출해주는 프로그램이기 때문에 몸에 무리를 주지 않아 오래 지속할 수 있을 거예요.

단기간에 좀 더 높은 효과를 보고 싶다면 16:8 간헐적 단식과 병행하는 것을 추천합니다. 하루 16시간 금식하고, 8시간만 음식을 섭취하는 방법을 뜻합니다. 예를 들어 저녁을 6시에 먹고, 다음 날 아침을 10시에 먹는 식이에요(저녁 이후 야식 금지, 물 섭취 가능). 무리하지 않고 자신의 스케줄에 맞춰 시간을 탄력적으로 조정해도 좋으나, 최소 12시간 금식은 지켜주세요(ex: 저녁 8시 식사, 다음 날 아침 8시 식사). 식사가 허용되는 시간을 지키면, 장기적으로 같은 양을 먹어도 지방을 더 많이 태우는 체질로 변해 체중 감량이 촉진됩니다.

5일 _ 디톡스의 기본 원칙

✓ 하루 세 끼 중 두 끼를 디톡스 식단으로 챙겨 먹는 것을 원칙으로 합니다.

✓ 하루 두 끼를 디톡스 샐러드로 챙겨 먹는 것이 버겁다면, 먼저 저녁 한 끼를 디톡스 샐러드로 먹다가 점차 두 끼로 늘려나가세요.

✓ 식단을 한번에 바꾸려 하면 탈이 나기 때문에 자신의 스케줄에 맞게 무리가 되지 않는 선에서 실천해보기를 권합니다.

5일 _ 디톡스 세부 프로그램 간단 설명

- **프로그램 1** — 체지방 확 빼주는 식단(P.126)
- **프로그램 2** — 허리둘레 1인치 감소 식단(P.150)
- **프로그램 3** — 혈액을 맑게, 세포를 젊게(P.174)
- **프로그램 4** — 최대 체중 감량, 최소 근 손실(P.198)
- **프로그램 5** — 면역력 UP! 일상에 활력 식단(P.222)

5일 _ 디톡스 성공을 위한 주의 사항

✓ 디톡스 기간에는 되도록 음주, 흡연을 피해주세요.

✓ 디톡스 샐러드가 아닌 일반식 섭취 시 과식하지 않도록 주의하세요.

✓ 기름진 음식, 술, 야식은 최대한 자제하세요.

5-day 프로그램 ①

체지방 확 빼주는 식단

체지방을 빼기 위해 가장 먼저 해야 할 일은 식습관을 개선하는 것입니다. 아무리 운동을 열심히 해도 소모하는 칼로리보다 섭취하는 칼로리가 많으면 체지방이 절대 빠질 수 없죠. 3days 디톡스 프로그램을 해냈다면, 5days 디톡스 프로그램도 어렵지 않게 해낼 거예요. 5일 동안 추천하는 운동에는 유산소성 근력 운동이 주로 포함되어 있습니다. 매일 땀 날 정도로 걷기, 뛰기 등 최소 30분 이상 유산소운동과 함께 추천하는 동작들을 추가해서 나만의 5days 운동 루틴을 만들어보세요.

5일 미션

A 탄산음료 끊기
탄산음료는 설탕 함량이 높아 대사 질환을 일으키고 살이 찌게 하는 요인이 됩니다. 콜라, 사이다, 과일 주스 등 칼로리 높은 음료만 끊어도 다이어트에 큰 도움이 됩니다. 탄산음료 대신 생수나 차를 마시는 습관을 길러보세요.

B 틈새 운동하기
우리 몸은 약간만 균형이 깨져도 긴장하기 때문에 무리해서 운동을 하기보다는 일상에서 운동하는 습관을 기르면 좋아요.

*일상에서 하기 좋은 틈새 운동 추천
1) TV 볼 때, 미니 스쿼트로 하체 운동
2) 서 있을 때 한쪽 다리를 뒤쪽 대각선 방향으로 올렸다 내리는 히프 업 운동
3) 수시로 까치발 들어 매끈한 종아리 만들기

C 금주하기
알코올은 지방을 축적시키고, 근육을 빠르게 손실시키기 때문에 다이어트에 백해무익입니다. 1병 기준으로 소주는 400㎉(360㎖), 맥주는 210㎉(500㎖)로, 안주와 함께 먹으면 칼로리 폭탄이 되어 하루 권장량을 훌쩍 넘기도 합니다. 디톡스 기간만큼은 꼭 금주하세요.

D 오랫동안 씹기
같은 양의 음식도 오래 씹으면 적게 먹어도 포만감을 빨리 느껴 칼로리를 적게 섭취하게 됩니다. 한 연구 결과에 따르면, 음식을 40회 정도로 오래 씹으면 칼로리를 약 12% 덜 섭취하게 된다고 해요.

E 매일 30분 이상 유산소운동
유산소운동은 많은 양의 산소를 몸속에 공급하게 해 지방을 산화하는 운동법으로, 대표적인 운동으로 걷기, 뛰기, 수영 등이 있어요. 몸에 무리 가지 않는 선에서 부담 없이 할 수 있는 유산소운동을 꾸준히 하면 체지방 감소에 많은 도움이 됩니다.

5일 추천 운동

※ 모든 동작은 기재된 시간 동안 자신의 페이스에 맞게 반복해서 진행합니다.
※ 모든 동작은 2~3SET/가능하다면 하루 3개 동작 연속으로 도전해보기

1일차 — 점핑잭 30초

몸을 따뜻하게 해주는 워밍업 동작

❶ 서서 양발을 넓게 벌리며 점프합니다. 이때 양손은 수평 또는 머리 위로 뻗어줍니다.
❷ 뻗을 때 호흡을 가볍게 "후후" 내뱉습니다.

※ 운동 전 운동으로 인한 부상을 방지하고, 운동을 효과적으로 할 수 있는 몸 상태로 준비시켜줍니다.

2일차 — 스탠딩 크런치 30초

복부 탄력을 잡아주고 허리 사이즈를 줄여주는 동작

❶ 서서 양손을 머리 위로 올려줍니다.
❷ 팔꿈치를 구부리며 한쪽 무릎을 몸 쪽으로 당겨주세요.

※ 무릎과 팔꿈치가 가까워질 때 복부 안쪽이 수축되며 코어가 활성화됩니다.
※ 유산소와 동시에 복근 운동을 할 수 있는 동작이에요.

3일차 — 데드버그 30초

코어가 전혀 없는 복근 운동 왕초보에게 추천하는 동작

❶ 누운 상태에서 팔과 다리를 위로 올려 준비해주세요.
❷ 내쉬는 숨에 팔은 머리 쪽으로, 다리는 아래쪽으로 쭉 뻗었다가 되돌아옵니다.

※ 아랫배에 단단하게 힘을 줘서 몸통이 최대한 흔들리지 않게 고정합니다.
※ 팔다리 뻗을 때 괄약근에도 힘을 줘보세요. 동작이 배로 힘들어집니다.

4일차 — 리버스 크런치 30초

볼록 튀어나온 아랫배를 집중 공략하는 동작

❶ 누운 상태에서 양손을 골반 옆에 두고, 양 무릎을 90도로 접어 위로 올립니다.
❷ 양손으로 바닥을 밀듯 힘을 주어 골반을 위로 들어 올렸다가 내려주면서 아랫배 자극에 집중합니다.

※ 다리를 살짝 굽힌 상태에서 복부의 긴장감을 계속 유지하는 것이 중요!
※ **난이도 Up!** 다리를 내리면서 앞으로 쭉 뻗으면 아랫배에 더 강한 자극이 전달됩니다.

5일차 — 플랭크 업 앤드 다운 30초

플랭크에 익숙해졌다면, 이 동작에 도전!

❶ 플랭크 자세(P.39)에서 준비합니다.
❷ 한 손씩 바닥을 짚고 폅니다.
❸ 다시 한 팔씩 접어 플랭크 자세를 취합니다. 코어에 힘을 준 상태에서 몸통을 띄워 유지합니다.

※ 아랫배를 안쪽으로 쏙 넣어서 코어를 활성화하세요.
※ 몸통이 너무 많이 흔들리지 않게 힘을 주어 아랫배를 단단하게 조이세요.

Follow the 5-day Meal Prep
5일 밀 프렙 따라 하기

재료

- ✓ 상추 8장
- ☐ 샐러드 채소 180g
- ☐ 방울토마토 26개
- ☐ 양송이버섯 3개
- ☐ 파프리카 ¼개
- ☐ 달걀 2개
- ☐ 바질 1~2장(선택)
- ☐ 양파 1개
- ☐ 적양파 ¾개
- ☐ 느타리버섯 1줌
- ☐ 고구마 ½개
- ☐ 사과 1+½개
- ☐ 오이 2+¼개
- ☐ 당근 ¾개
- ☐ 빨강·노랑 파프리카 각 ¾개
- ☐ 호두 1줌
- ☐ 선드라이 토마토 2큰술(선택)
- ☐ 로즈메리 약간
- ☐ 아보카도 2개 반
- ☐ 양배추 150g
- ☐ 키노아 1컵
- ☐ 병아리콩 1컵
- ☐ 참치 캔(동원참치) 1개

- ☐ 닭 가슴살 큐브 스테이크(자연실록) 100g
- ☐ 통밀 그대로빵(아르토스베이커리) 2조각
- ☐ 냉장 닭 가슴살(하림) 100g
- ☐ 옥수수 & 올리브(봉듀엘) 3큰술
- ☐ 오리지널뉴 하루견과(닥터넛츠) 1봉지
- ☐ 닭 가슴살 곤약볶음밥 소고기맛(라이틀리) 200g
- ☐ 오로라 생연어(쌜모네키친) 120g
- ☐ 닭 가슴살 소시지(Better me) 120g

드레싱 재료

- ✓ 올리브유
- ☐ 진간장
- ☐ 발사믹 식초
- ☐ 참기름
- ☐ 마요네즈(잇츠베러)
- ☐ 홀그레인 머스터드
- ☐ 알룰로스
- ☐ 화이트 와인 비니거
- ☐ 두반장
- ☐ 애플 사이다 비니거(비비베르데)
- ☐ 다진 마늘
- ☐ 다진 피클(선택)
- ☐ 레몬즙
- ☐ 통깨
- ☐ 무설탕 플레인 요거트
- ☐ 파슬리 가루
- ☐ 꿀
- ☐ 고추기름
- ☐ 다진 홍고추
- ☐ 소금
- ☐ 후춧가루

Day 1

'상추' 닭 가슴살 큐브 샐러드

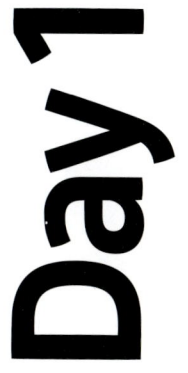

284kcal
해독 탁월

상추는 《동의보감》에 '성질이 차고 맛이 쓰며, 오장을 편하게 하고, 가슴의 막혔던 기를 통하게 한다'라고 적혀 있을 정도로 비타민과 무기질이 풍부해서 혈액 정화 및 해독 작용에 탁월한 식품입니다. 또 칼슘과 비타민 K가 풍부해서 뼈를 건강하게 해 골다공증 예방에 도움을 줍니다. 이 밖에도 변비 해소, 피부 미용, 노화 방지 등에 좋은 다양한 영양소가 들어 있지만, 성질이 차기 때문에 설사를 자주 하는 사람은 적당히 섭취하는 것이 좋습니다. 이번 챕터에서는 한입 크기라 먹기 편한 닭 가슴살 큐브를 조리해 상추 등 다양한 채소와 함께 라이트하게 먹을 수 있는 식단을 소개해드릴게요.

난이도 Easy

소요 시간 15분

재료
- 상추 8장
- 샐러드 채소 30g
- 방울토마토 7개
- 닭 가슴살 큐브 스테이크 100g
- 양송이버섯 3개
- 빨강·노랑 파프리카 각 ¼개
- 올리브유 적당량

드레싱 재료
- 올리브유 3큰술
- 진간장 3큰술
- 발사믹 식초 2큰술
- 참기름 1큰술
- 알룰로스 ½큰술
- 레몬즙 ½큰술

① 모든 채소를 흐르는 물에 씻어 채반에 밭친 후 물기를 제거합니다.
② 상추는 물에 5분간 담근 후 손으로 몇 번 저어 흐르는 물에 30초 정도 씻어줍니다.
③ 버섯과 파프리카는 먹기 좋은 크기로 자릅니다.
④ 달군 프라이팬에 올리브유를 두른 후 중간 불에서 닭 가슴살 큐브를 노릇노릇 구워줍니다.
⑤ 버섯과 파프리카도 같이 구워줍니다.
⑥ 그릇에 샐러드 채소와 상추를 먼저 깔고, 그 위에 닭 가슴살 스테이크와 방울토마토, 구운 버섯과 파프리카를 올린 후 분량의 재료로 만든 드레싱을 부어서 완성합니다.

👉 디톡스 포인트

상추에 들어 있는 잔류 농약을 제거하기 위해서는 세척을 잘 하는 것이 중요합니다. 세제와 식초로 씻는 것보다 물로 씻는 것이 잔류 농약을 가장 효과적으로 제거할 수 있다고 해요.

※ **상추 보관법**
씻은 상추는 물기를 제거한 후 줄기를 아래로 향하게 해서 비닐이나 밀폐 용기에 담아 냉장 보관하면 더 신선하고 오래 보관할 수 있어요.

1  2  3
4  5  6

' 에그마요' 통밀 샌드위치

342kcal 포만감 UP

달걀과 마요네즈가 어우러져 폭신폭신하면서 고소한 맛을 내는 에그마요. 칼로리가 높아서 먹기 망설여진다고요? 빵은 밀가루빵이 아닌 통밀빵으로, 마요네즈는 칼로리, 지방, 나트륨이 적은 식물성 마요네즈를 준비하면 걱정 없어요. 늘 냉장고에 구비된 달걀과 마요네즈로 간편하면서도 맛있는 한 끼를 즐길 수 있는 레시피를 소개합니다. 샌드위치를 만들 때 밀가루로 만든 식빵보다 통밀빵을 선택하면 맛도 더 고소할 뿐만 아니라, 혈당을 천천히 올려 인슐린을 정상적으로 분비하게 만듭니다.

Day 1

난이도 Easy

소요 시간 15분

재료
- 통밀빵 2조각(40g)
- 달걀 2개
- 바질 1~2장(선택)
- 로즈메리 약간(선택)
- 소금 약간

스프레드 재료
- 마요네즈 3큰술
- 홀그레인 머스터드 1큰술
- 알룰로스 1큰술
- 다진 양파 1큰술
- 다진 피클 1큰술(선택)
- 레몬즙 ½큰술
- 소금 약간
- 후춧가루 약간

① 끓는 물에 소금을 넣은 후 달걀을 10분 정도 완숙으로 삶습니다.
② 삶은 달걀을 찬물에 담근 후 껍질을 벗깁니다.
③ 삶은 달걀은 포크로 잘 으깨줍니다.
　달걀의 식감을 즐기고 싶다면 너무 잘게 으깨지 않아도 좋아요.
④ 분량의 재료로 스프레드를 만들고 으깬 달걀과 함께 잘 섞어줍니다.
　양념은 취향에 맞게 조절하세요.
⑤ 통밀빵을 프라이팬에 기름 없이 앞뒤로 노릇노릇 굽습니다.
⑥ 구운 통밀빵 위에 ❹의 에그마요 스프레드를 듬뿍 올려줍니다.
⑦ 바질, 로즈메리 등을 올려 완성합니다.

☞ 디톡스 포인트

일반 밀보다 거칠게 분쇄한 통밀은 글루텐이 적게 생겨 몸에 부담을 주지 않으며, 배에 가스가 차고 소화가 잘 되지 않는 사람들이 섭취하기 좋아요. 식이섬유가 풍부해 적은 양을 먹더라도 포만감을 쉽게 느낄 수 있고, 장운동을 촉진해 변비 해소에도 도움을 줍니다.

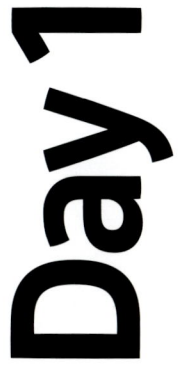

1

2

3

4

5

6

'그릴 어니언' 치킨 샐러드

178kcal 체지방 분해

Day 2

한때 유행했던 '양파즙 다이어트', 들어보신 적 있죠? 양파가 다이어트에 도움이 된다는 사실은 실제 과학적으로도 입증된 사실입니다. 양파에 포함된 케르세틴과 알리설파이드라는 성분이 체내에 지방이 쌓이는 것을 방지하고 기름진 음식과 육류 위주 섭취로 탁해진 혈액 속 콜레스테롤과 중성지방을 분해해 혈관 건강에도 도움을 줍니다. 또 플라보노이드가 체지방을 분해하고, 숙변을 제거해 꾸준히 섭취하면 체중 감소에 도움을 줄 수 있어요. 하지만 뭐든 과유불급! 공복에 양파를 많이 먹으면 속이 쓰릴 수 있고, 혈액을 묽게 해서 혈압을 낮추는 효과도 있으므로, 저혈압이라면 과다 섭취하지 않는 것이 좋습니다. 가장 이상적으로는 하루 ¼개의 양파를 섭취하는 것이 좋다고 해요.

난이도 Easy

소요 시간 15분

재료
- 닭 가슴살 100g
- 샐러드 채소 50g
- 양파 ¼개
- 느타리버섯 1줌
- 빨강·노랑 파프리카 각 ¼개
- 방울토마토 7개
- 올리브유 적당량

드레싱 재료
- 올리브유 2큰술
- 진간장 1큰술
- 레몬즙 1큰술
- 알룰로스 ½큰술
- 다진 마늘 ½큰술
- 통깨 ½큰술
- 후춧가루 약간

---

① 샐러드 채소를 찬물에 씻은 후 채반에 받쳐 물기를 뺍니다.
② 양파는 껍질을 벗기고 채 썰어주세요.
③ 버섯과 파프리카는 먹기 좋은 크기로 잘라 준비합니다.
④ 방울토마토는 꼭지를 제거한 후 반으로 자릅니다.
⑤ 프라이팬에 올리브유를 두르고 닭 가슴살을 앞뒤로 노릇노릇 굽습니다.
⑥ 양파, 버섯, 파프리카도 넣고 볶아주세요.
⑦ 그릇에 샐러드 채소와 방울토마토를 먼저 담은 후 구운 채소를 올립니다.
⑧ 구운 닭 가슴살을 먹기 좋게 자른 후 분량의 재료로 만든 드레싱을 부어서 완성합니다.

☞ 디톡스 포인트

양파는 하루 권장량인 ¼개 섭취 시 약 20kcal를 섭취하게 됩니다. 양파의 매운맛 때문에 주로 볶아서 먹는데, 이때 기름을 최소화하면 칼로리를 좀 더 줄일 수 있어요.

'사과 고구마' 샐러드

243kcal 섬유질 듬뿍

식이 섬유는 영양분의 소화 흡수를 억제하며 포만감을 주기 때문에 과식하지 않게 하고, 대장의 운동을 촉진해 배변량을 늘려줍니다. 변비가 자연스레 없어지고, 콜레스테롤 흡수도 막아주기 때문에 장기적으로 다이어트에 꼭 필요한 요소라고 볼 수 있어요. WHO 기준 성인 하루 권장 섭취량은 약 25~35g인데, 과일이나 채소 1개를 다 먹어도 섬유질 함량이 10%가 채 되지 않기 때문에 생각보다 훨씬 더 많이 먹어야 하루 권장량을 채울 수 있습니다. 이번 챕터에서는 식이 섬유가 풍부한 과일과 채소의 대표 주자 사과, 고구마를 활용해 변비 탈출, 체지방 감소에 도움이 되는 샐러드를 소개해드릴게요.

Day 2

난이도 Easy

소요 시간 15분

재료
- 고구마 ½개(100g)
- 사과 ½개(100g)
- 옥수수 & 올리브 3큰술
- 샐러드 채소 50g
- 견과류 약간
- 파슬리 가루 약간

드레싱 재료
- 무설탕 플레인 요거트 3큰술
- 마요네즈 2큰술
- 레몬즙 ½큰술
- 소금 약간
- 후춧가루 약간

① 샐러드 채소를 흐르는 물에 깨끗이 씻습니다.

② 사과는 물에 약 2분 동안 푹 담근 후 흐르는 찬물에 깨끗이 씻습니다.
식초액이나 레몬수보다 수돗물에 담가두는 게 박테리아가 뚜렷하게 감소한다고 해요.

③ 씻은 사과는 껍질째 얇은 반달 모양으로 썰어둡니다.

④ 고구마는 껍질째 찜기에 찐 후 열기를 식힌 다음 먹기 좋은 크기로 깍둑썰기 합니다.

⑤ 옥수수 & 올리브는 물기를 제거하고 알맹이만 꺼냅니다.

⑥ 분량의 재료로 드레싱을 만듭니다.

⑦ 그릇에 샐러드 채소를 먼저 담은 후 사과와 고구마를 올리고 옥수수 & 올리브, 견과류를 뿌립니다.

⑧ 준비한 드레싱을 뿌린 후 파슬리 가루를 뿌려 완성합니다.

☞ 디톡스 포인트

· 사과에는 항산화 성분인 폴리페놀이 매우 많이 함유되어 있는데, 이 성분은 주로 껍질에 많이 들어 있습니다. 사과를 드실 때는 깨끗이 세척해서 껍질째 섭취하는 것을 권합니다.

· 고구마는 조리법에 따라 칼로리가 달라지는데, 다이어터라면 생으로 먹거나 쪄서 먹는 것을 추천합니다.

'사과' 식초 그린 샐러드

170kcal 체중 감량

Day 3

BTS 정국이 세안할 때 쓰고, 킴 카다시안, 미란다 커가 애용하는 그 아이템! 세계적으로 가장 인기 있는 식초, 애플 사이다 비니거는 도대체 왜 좋은 걸까요? 곡류를 주식으로 삼는 한국인의 식단에서는 탄수화물을 제한하기가 쉽지 않습니다. 쌀, 밀가루 외 고기, 생선, 유제품, 패스트푸드 대부분은 산성 식품으로, 많이 섭취할 경우 몸이 산성화되면서 요산 수치가 높아지고 통풍, 소화불량, 면역력 저하 등의 문제를 야기할 수 있어요. 일상에서 산성 음식을 완전히 피하기는 매우 어렵기 때문에, 몸에 알칼리성 식품을 지속적으로 공급하는 습관을 들이는 것이 중요합니다. 식초는 산성이지만 체내에 들어가면 알칼리성으로 작용해 체내 독소를 빼주고, 체지방을 연소하는 데 도움을 줍니다.

난이도 Easy

소요 시간 10분

재료
- 샐러드 채소 50g
- 애플 사이다 비니거 3큰술
- 오이 ¼개
- 사과 ½개
- 당근 ¼개
- 빨강·노랑 파프리카 각 ¼개
- 호두 1줌
- 선 드라이 토마토 2큰술(선택)

① 샐러드 채소를 찬물에 씻은 후 채반에 밭쳐 물기를 뺍니다.
② 오이와 사과는 껍질째 먹기 좋은 크기로 자릅니다.
③ 당근과 파프리카도 먹기 좋은 크기로 자릅니다.
④ 그릇에 샐러드 채소를 먼저 담고 나머지 채소를 올립니다.
⑤ 선 드라이 토마토를 올립니다.
⑥ ❺에 애플 사이다 비니거를 뿌리고 잘게 부순 호두를 뿌려서 완성합니다.

디톡스 포인트

건강한 식초를 섭취하려면 주정 발효 식초가 아닌, 천연 발효 식초를 선택하세요. 사과 식초라고 해서 다 같은 식초가 아닙니다. 주정, 합성향료 등 첨가물이 포함되어 있지 않고, 사과 원재료만 100% 사용한 천연 발효 사과 식초로 준비하세요. 60여 종의 유기산과 비타민, 미네랄, 아미노산 등 영양소가 풍부하고, 주정 발효 식초보다 산도가 낮으며, 맛과 향이 좋다는 장점이 있어요.

※ 애플 사이다 비니거 먹는 법
- 채소나 생선 위에 뿌려 먹어요. 시중에 판매하는 드레싱보다 칼로리가 훨씬 낮을 뿐 아니라 혈당을 떨어뜨려요.
- 아침 공복 시 따뜻한 물에 애플 사이다 비니거 1~2큰술을 넣어 매일 마시면 체중 감량에 도움을 받을 수 있어요.

1

2

3

4

5

6

'연어' 아보카도 샐러드

360kcal 지방 분해

Day 3

한 연구에 따르면, 오메가 3 섭취 시 과도한 체지방 축적을 방지하고, 식단과 운동을 병행했을 때 실제로 체지방이 감소하는 것으로 나타났습니다. 특히 연어에 함유된 오메가 3는 인슐린 저항을 개선하고 신진대사를 원활하게 하는 지방산을 다수 포함하고 있는데, 간에서 중성지방이 합성되는 것을 억제해 지방간을 예방하는 데 효과적일 뿐 아니라, 호르몬 조절을 통해 식욕을 억제하기도 합니다. 또 뇌 기능을 활성화하는 DHA가 풍부할 뿐 아니라, 고품질 단백질 외에 마그네슘, 칼륨, 비타민 B 등 영양소가 풍부해 염증 반응을 억제하고, 콜레스테롤 수치 및 혈류 개선에도 좋은 영향을 미칩니다. 연어를 잘 익은 아보카도와 함께 먹으면 식감이 훨씬 부드럽고 맛이 풍부해지기 때문에 이 조합을 추천합니다. 이번 챕터에서는 지방이 풍부한 아보카도와 고단백 저칼로리 연어를 주재료로 한 건강한 샐러드를 소개해볼게요.

난이도 Medium

소요 시간 20분

재료
- 생연어 120g
- 샐러드 채소 50g
- 아보카도 ½개
- 적양파 ¼개

드레싱 재료
- 올리브유 2큰술
- 화이트 와인 비니거 2큰술
- 꿀 1큰술
- 다진 마늘 ½큰술
- 소금 약간
- 후춧가루 약간

① 샐러드 채소는 찬물에 씻은 후 채반에 받쳐 물기를 뺍니다.
② 잘 익은 아보카도는 껍질을 벗겨내고 먹기 좋게 깍둑썰기 합니다.
③ 연어는 플레이팅할 때 돌돌 말아야 하므로 길게 썰어주세요.
④ 적양파는 얇게 채 썰어주세요.
⑤ 분량의 재료로 드레싱을 만듭니다.
⑥ 그릇에 샐러드 채소와 적양파를 먼저 깐 후 아보카도를 올려줍니다.
⑦ 연어를 돌돌 말아 채소 사이에 끼우고 드레싱을 뿌려 완성합니다.

디톡스 포인트

연어는 날것으로 먹을 경우 회충에 감염될 우려가 있기 때문에 살짝 훈제된 것 또는 잘 손질된 싱싱한 것으로 섭취해야 합니다. 연어는 가열해도 영양소가 채소처럼 쉽게 파괴되지 않지만, 너무 오래 익히면 식감이 푸석해지고 맛도 떨어지기 때문에 적당히 익히는 것을 권합니다.

'양배추' 사과 샐러드

300kcal
해독 탁월

미국 〈타임〉지 선정 3대 장수 식품 중 하나인 양배추는 위 건강에 좋고 장기 내 출혈, 상처 등 염증을 완화해줍니다. 100g당 칼로리가 33㎉에 불과하고 식이 섬유가 풍부해, 저칼로리 다이어트 식단에 포함시키기에 적합한 식재료입니다. 양배추와 식감이 잘 어울리는 사과는 식이 섬유가 풍부한 펙틴이 혈액에 쌓인 금속 성분을 제거하는 역할을 할 뿐 아니라 소화 과정에서 생기는 독소를 배출하는 데 도움을 줍니다. 이번 챕터에서는 해독을 통해 몸의 독소를 배출하고, 체지방을 덜어내는 양배추와 사과에 단백질을 간편하게 추가할 수 있는 소시지 형태의 닭 가슴살을 더해 균형 있는 한 끼를 준비해보았어요. 매일 먹어도 맛있고 질리지 않을 레시피입니다.

난이도 Medium

소요 시간 15분

재료
- 양배추 150g
- 당근 ½개
- 사과 ½개
- 오이 ½개
- 적양파 ¼개
- 닭 가슴살 소시지 120g
- 올리브유 적당량

드레싱 재료
- 올리브유 2큰술
- 레몬즙 1큰술
- 알룰로스 ½큰술
- 소금 약간
- 후춧가루 약간

① 양배추는 겉잎을 제거하고 먹을 만큼 잎을 떼서 물에 5분 정도 담갔다가 흐르는 물에 씻어줍니다.
② 남은 과일과 채소도 흐르는 물에 씻은 다음 채반에 받쳐 물기를 뺍니다.
③ 양배추, 당근, 사과, 오이, 적양파는 모두 얇고 길게 슬라이스합니다.
④ 달군 프라이팬에 올리브유를 살짝 두르고 양배추만 넣은 후 볶습니다.
⑤ ❹에 당근을 넣어 양배추와 같이 볶습니다.
생당근으로 섭취 시 핵심 성분인 베타카로틴이 8%밖에 흡수되지 않는데, 기름을 더해 볶으면 흡수율이 최대 70%까지 높아집니다.
⑥ 닭 가슴살 소시지는 칼집을 내서 앞뒤로 노릇노릇 굽습니다.
⑦ 그릇에 볶은 채소를 먼저 담은 후 닭 가슴살 소시지를 옆에 플레이팅합니다.
⑧ ❸에서 슬라이스한 사과, 오이, 적양파를 올립니다.
⑨ 분량의 재료로 만든 드레싱을 부어 완성합니다.

디톡스 포인트

생양배추는 식감이 딱딱해서 먹기 힘들다면 살짝 데치면 됩니다. 물에 넣고 살짝 데쳐도 좋지만, 프라이팬에 물이나 오일을 두르지 않고 양배추에서 나오는 수분을 이용해서 데쳐도 좋습니다.

1

3

4

5

6

'아보카도' 튜나 샐러드

410kcal 건강한 지방

숲속의 버터라고 불리는 아보카도는 20%가 지방으로 구성될 만큼 지방 함량이 높지만 대부분이 올레인산이라는 지방으로 나쁜 콜레스테롤을 줄여주고, 체내 염증을 감소시켜줍니다. 과다 섭취하지만 않는다면 당분 함량은 낮고 섬유질 함량이 높아 훌륭한 다이어트 식품이에요. 아보카도에 함유된 비타민 B는 질병 예방, 루테인은 시력 개선, 칼륨은 부종 완화, 단일 불포화지방산은 동맥경화 예방에 효과적입니다. 특별히 조리할 필요 없어 레시피가 굉장히 간단하고, 재료 궁합이 좋아 누구나 쉽고 맛있게 만들 수 있어요. 샐러드 자체로도 좋지만 샌드위치 속 재료로도 활용해보세요.

Day 4

난이도 Easy

소요 시간 15분

재료(2인분)
- 아보카도 2개
- 참치 캔 1개
- 방울토마토 6개
- 양파 ½개
- 마요네즈 2큰술
- 홀그레인 머스터드 1큰술
- 레몬즙 1큰술
- 후춧가루 약간

① 방울토마토는 깨끗이 씻은 후 꼭지를 따고 잘게 다집니다.
② 양파도 잘게 다진 후 찬물에 10분 정도 담갔다가 물기를 빼주세요.
③ 참치는 기름을 쏙 빼서 준비합니다.
④ 아보카도 속에 넣을 튜나 샐러드를 만듭니다.
  기름을 뺀 참치에 다진 방울토마토, 양파, 마요네즈 2큰술, 홀그레인 머스터드 1큰술, 레몬즙 1큰술을 넣고 후춧가루를 약간 뿌려 섞습니다.
⑤ 잘 익은 아보카도를 반으로 갈라 씨를 뺍니다.
⑥ 튜나 샐러드를 수저로 퍼서 아보카도에 예쁘게 담아주세요.
⑦ 아보카도를 그릇에 옮겨 담아 완성합니다.

디톡스 포인트

아보카도는 건강에 좋은 식품이긴 하지만, 칼로리가 상대적으로 높고, 지방 함유량이 높기 때문에 활동량이 적은 밤에 먹는 것보다 아침 또는 점심시간에 먹는 게 좋습니다. 과도하게 섭취하면 체중 증가로 이어질 수 있기 때문에 하루 섭취량은 ½개~1개 정도가 알맞습니다.

'키노아' 채소 샐러드

272kcal 포만감 UP

Day 5

키노아(quinoa)는 '곡물의 어머니'라는 고대 잉카어에서 유래했으며, 크기가 작지만 단백질, 비타민, 무기질 등의 영양가가 매우 풍부해 슈퍼푸드로 선정된 고영양 식품이에요. 주로 볼리비아와 페루에서 생산되며, 쌀에 비해 칼륨은 6배, 칼슘은 7배, 철분은 20배 이상이나 함유되어 있어요. 또 쌀에 비해 2배가 넘는 단백질을 함유하고, 모든 필수아미노산이 들어 있어 수천 년 전 고대 인디언들의 주요 단백질 공급원을 담당했던 식품이기도 합니다. 키노아는 조리하기 쉽고 식이 섬유가 풍부해 포만감을 줘서 다이어트 식품으로도 좋고 체중 조절이 필요한 고혈압, 고지혈증 환자에게도 좋습니다. 잘게 다진 채소에 키노아를 넣고 드레싱을 잘 섞으면 입안에서 톡톡 터지는 키노아의 식감을 느낄 수 있어요.

난이도 Easy

소요 시간 25분

재료
- 키노아 1컵
- 방울토마토 6개
- 오이 ½개
- 적양파 ¼개
- 빨강·노랑 파프리카 각 ¼개
- 삶은 병아리콩 1컵

드레싱 재료
- 올리브유 3큰술
- 레몬즙 1큰술
- 소금 약간
- 후춧가루 약간
- 파슬리 가루 약간

① 물에 씻은 키노아와 물 2컵을 냄비에 넣고 센 불로 끓이다 끓어오르면 15분간 약한 불에서 끓입니다.
② 모든 채소를 흐르는 물에 깨끗이 씻어서 준비합니다.
③ 방울토마토는 꼭지를 따고 씨를 뺀 후 큐브 모양으로 썰어놓습니다.
④ 오이는 길게 썰어 수분이 많은 씨를 제거한 후 큐브 모양으로 잘라줍니다.
⑤ 적양파는 잘게 다져서 찬물에 넣어 매운맛을 뺍니다.
⑥ 파프리카는 큐브 모양으로 작게 썰어줍니다.
⑦ 삶은 병아리콩은 물기를 제거합니다.
　병아리콩은 미리 10시간 이상 물에 불린 후, 15분간 삶아 사용합니다.
⑧ 접시 중앙에 ❼을 담고, 준비해둔 채소와 키노아를 주위에 원을 그리며 놓아주세요.
⑨ 분량의 재료로 드레싱을 만들어 뿌린 후 재료들과 잘 버무려 완성합니다.

디톡스 포인트

키노아에는 특정 미네랄과 결합해 흡수율을 떨어뜨리는 사포닌 같은 영양소가 일부 함유되어 있어 흐르는 물에 한번 씻어주어야 합니다. 몸에 해롭지는 않지만 씻어내지 않으면 쓴맛을 느낄 수 있어요. 세척 시 사포닌의 거품이 없어질 때까지 꼼꼼히 씻어주면 됩니다. 씻기 귀찮다면 세척된 제품을 구매하면 됩니다.

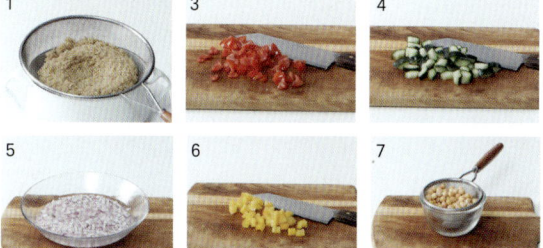

중국식 '오이' 샐러드

100kcal 식단 레벨업

Day 5

중국 음식점에 가면 밑반찬처럼 나오는 오이무침을 한 번쯤은 본 적이 있을 거예요. 바로 중국식 오이 샐러드라고 불리는 '마라황과'입니다. 마라황과의 '마라'는 맵다는 뜻이고, '황과'는 오이라는 뜻으로, 매운 오이 요리라는 뜻입니다. 대부분의 중국 음식이 기름지기 때문에 마라황과를 함께 먹으면 덜 느끼하고, 음식을 매콤새콤 맛있게 즐길 수 있어요. 다이어트를 하다 보면 밋밋한 식단 때문에 맵고 짠 자극적인 음식이 당기는데, 이럴 때 건강하게 대체할 수 있는 매콤 달콤한 마라황과를 먹어보세요.

난이도 Easy

소요 시간 25분

재료
- 오이 1개
- 소금 ½큰술
- 닭 가슴살 볶음밥 200g(선택)

양념장 재료
- 고추기름 2큰술
- 생수 1큰술
- 다진 마늘 1큰술
- 다진 홍고추 1큰술
- 알룰로스 2큰술
- 애플 사이다 비니거 2큰술
- 두반장 2큰술

① 오이는 소금으로 껍질을 문질러 깨끗이 씻습니다.
② 씻은 오이는 양쪽을 잘라내고 3등분하세요.
③ 먹기 좋게 길게 자른 후 씨를 제거합니다.
　씨를 제거해야 보관 시 수분이 덜 생깁니다.
④ 비닐 팩에 자른 오이를 넣고 소금을 넣어 섞은 후 15~20분 정도 절여주세요.
⑤ 분량의 재료로 양념장을 만들어주세요.
⑥ 절인 오이의 수분을 짜주세요.
⑦ 오이에 양념장을 잘 버무려서 완성합니다.
　닭 가슴살 볶음밥을 만들어 함께 먹어도 좋습니다.

✎ 디톡스 포인트

오이 샐러드에 고구마나 닭 가슴살을 곁들여 부족한 탄수화물과 단백질을 보충해 자신만의 탄단지 식단을 만들어보세요. 저는 간단하게 조리할 수 있는 닭 가슴살 볶음밥을 함께 플레이팅해봤어요.

※ 닭 가슴살 볶음밥 만들기
1) 팬에 올리브유를 두르고 다이어트용 냉동 닭 가슴살 볶음밥을 볶습니다.
2) 노릇노릇한 닭 가슴살 볶음밥에 아삭한 오이 샐러드를 곁들여 먹습니다.

5-day 프로그램 ❷

허리둘레 1인치 감소 식단

허리둘레를 줄이기 위해서는 적절한 식이 조절과 꾸준한 운동이 필수입니다. 막막하다고요? 나의 행복과 건강을 위한 거니까 어렵다고 생각하지 말고, 즐거운 마음으로 습관을 하나씩 바꾸기만 하면 됩니다. 운동과 식단을 나만의 루틴으로 만들면 어느 순간 목표를 이룰 수 있을 뿐만 아니라, 자존감까지 높아져 있을 거예요.

5일 미션

A / 군것질 대신 건강 간식 먹기
간식을 끊기 어렵다면, 군것질이 당길 때 대체할 수 있는 것을 구비해두세요. 단, 채소 스틱, 견과류, 단백질 바 등 당이 적고 포만감이 큰 것이어야 합니다.

B / 폭식하지 않기
먹는 게 스스로 절제되지 않는다면 언제, 누구와, 무엇을, 어떤 기분으로 먹었는지 기록해보세요. 이렇게 셀프 모니터링을 하면 식습관을 객관적으로 바라보게 되어, 개선할 의지가 생깁니다.

C / 질 좋은 수면 취하기
수면이 부족하면 식욕을 촉진하는 호르몬 분비가 증가해 다이어트에 악영향을 미칩니다. 숙면을 위해 침실 내 빛은 완전히 차단하고, 자기 전 자극적인 영상 시청이나 음식 섭취는 자제하세요.

D / 시간을 쪼개서라도 운동하기
너무 바빠 운동할 시간이 없다면, 일상에서 앉아 있는 시간을 줄이고 조금이라도 더 움직여보세요. 미국심장협회에 따르면 5~10분으로 나눠서 운동을 해도 한 번에 30분 운동하는 것과 장기적으로 같은 효과를 낸다고 합니다.

E / 빠르게 걷기
천천히 산책하듯 오래 걷는 것보다 빠른 속도로 짧은 시간 걷는 것이 더욱 효과적입니다. 빠르게 걷는 것은 옆 사람과 대화하기 어려울 정도의 속도를 뜻하는데, 이 정도 속도로 약 20분간 걸으면 운동 효과가 나타난다고 해요.

5일 추천 운동

※ 모든 동작은 기재된 시간 동안 자신의 페이스에 맞게 반복해서 진행합니다.

※ 모든 동작은 2~3SET/가능하다면 하루 3개 동작 연속으로 도전해보기

1일차 — 버드독 각 15초

코어의 기본기를 쌓는 동작

❶ 테이블 자세(P.039)에서 준비합니다.
❷ 오른손을 앞으로 뻗고, 왼쪽 다리를 뒤쪽으로 뻗어 몸이 일자가 되게 합니다.
❸ 밸런스를 유지하며 호흡합니다. 반대쪽도 동일하게 시행합니다.

※ 손끝부터 발끝까지 일직선이 되게 합니다. 허리가 너무 휘지 않게 꼬리뼈를 안쪽으로 살짝 말아주세요.
※ 균형 잡기 힘들다면 처음엔 다리만 들었다가 익숙해지면 팔과 다리를 함께 들어주세요.

2일차 — 토터치 30초

출렁이는 아랫배와 옆구리 살을 동시에 자극하는 동작

❶ 누운 상태에서 두 손과 발을 위로 올립니다.
❷ 상체를 들어 올리면서 한 손으로 반대쪽 발을 터치합니다.
❸ 손을 번갈아가며 반복합니다.

※ 동작 시 옆구리와 아랫배에 자극이 느껴져야 합니다.
※ 목과 어깨 긴장감은 최대한 풀어주세요.

3일차 — 바이시클 크런치 각 15초

상체를 회전하면서 옆구리에 자극을 주는 동작

❶ 등을 바닥에 대고 누우세요.
❷ 양 무릎을 굽혀 올린 상태에서 양손은 머리 뒤로 깍지 낍니다.
❸ 상체를 일으키며 팔꿈치로 반대쪽 무릎을 터치합니다.

※ 상체를 올릴 때 복부, 옆구리에 자극이 느껴져야 합니다.

4일차 — 마운틴 클라이머 30초

전신 코어를 단련하는 효율 좋은 동작

❶ 플랭크 자세(P.039)에서 준비합니다.
❷ 한쪽 무릎을 가슴 쪽으로 당기며 복부 자극을 느낍니다.
❸ 무릎을 교차하며 점점 속도를 내 가슴 쪽으로 당깁니다.

※ 무릎만 당기고 몸통은 최대한 흔들리지 않게 합니다.
※ 손으로 바닥을 밀어내는 느낌으로 힘을 씁니다.

5일차 — 트위스트 마운틴 클라이머 30초

마운틴 클라이머에 익숙해졌다면, 이 동작으로 레벨업!

❶ 플랭크 자세(P.039)에서 준비합니다.
❷ 한쪽 무릎을 반대쪽 가슴 쪽으로 당기며 복부 자극을 느낍니다.
❸ 다시 플랭크 자세를 취했다가 반대쪽 무릎도 가슴 쪽으로 당깁니다.

※ 팔이 무너지지 않게 팔로 바닥을 밀어냅니다.
※ 아랫배에 힘을 줘서 엉덩이가 아래로 너무 처지지 않게 합니다.

Follow the 5-day Meal Prep
5일 밀 프렙 따라 하기

재료

- ☑ 두부 1모
- ☐ 당근 1개
- ☐ 대파 3+½단
- ☐ 애호박 ¼개
- ☐ 달걀 6개
- ☐ 샐러드 채소 130g
- ☐ 검은깨 약간(선택)
- ☐ 브로콜리 1개
- ☐ 사과 1개 반
- ☐ 파프리카 ¾개
- ☐ 오이 약 1개
- ☐ 팽이버섯 ½봉지
- ☐ 마늘 20톨
- ☐ 홍고추 ¼개
- ☐ 청고추 ¼개
- ☐ 현미밥 50g
- ☐ 김 가루 약간(선택)
- ☐ 블루베리 20개
- ☐ 배 2+½조각
- ☐ 새싹 채소 2팩
- ☐ 콩나물 1줌
- ☐ 부추 약간
- ☐ 양상추 2장
- ☐ 양배추 ¼개

- ☐ 방울토마토 9개
- ☐ 래디시 ⅓개
- ☐ 양파 ½개
- ☐ 청양고추 ½개
- ☐ 서리태 150g
- ☐ 오로라 생연어 (쁠모네 Light) 70g
- ☐ 크리스피 어니언양파 후레이크 (탑테이스) 약간(선택)
- ☐ 옥수수 & 올리브 (봉듀엘) 3큰술
- ☐ 닭 가슴살 오리지널 (하림) 100g
- ☐ 무항생제 닭 가슴살 다짐육 (하림) 100g
- ☐ 퀵오트 오리지널 (플라하반) 35g
- ☐ 오븐에 구운 피칸 (홀썸라이프) 10개
- ☐ 리얼 크랩스 (동원) 2개+약간
- ☐ 통밀 그대로빵 (아르토스베이커리) 2조각
- ☐ 미역국수 슬림16 (보고쿡) 180g
- ☐ 손질 왕 흰다리새우 (Seato Table) 7마리
- ☐ 참치 캔 (동원참치) 1개

드레싱 재료

- ☑ 무설탕 플레인 요거트
- ☐ 레몬즙
- ☐ 알룰로스
- ☐ 소금
- ☐ 후춧가루
- ☐ 올리브유
- ☐ 꿀
- ☐ 매실청
- ☐ 애플 사이다 비니거 (비비베르데)
- ☐ 피시소스
- ☐ 다진 마늘
- ☐ 스리라차소스
- ☐ 통깨
- ☐ 커민 가루(선택)
- ☐ 파프리카 가루(선택)
- ☐ 고춧가루
- ☐ 페페론치노
- ☐ 파슬리 가루(선택)
- ☐ 진간장
- ☐ 맛술
- ☐ 참기름
- ☐ 마요네즈 (잇츠베러)

'두부' 달걀 볶음밥 샐러드

338kcal
단백질 폭탄

기름진 볶음밥이 당길 때, 두부와 달걀을 함께 볶아 식감이 포슬포슬하고 건강한 다이어트 볶음밥을 만들어보세요. 운동 후 단백질 보충용으로도 좋고, 바쁜 아침에 초간단 아침 레시피로도 추천하는 볶음밥 샐러드입니다. 자칫 밋밋할 수 있는 식단에 매콤 스리라차소스를 곁들이면 더욱 감칠맛 나는 한 끼 샐러드가 완성됩니다.

Day 1

난이도 Easy

소요 시간 15분

재료
- 두부 ½모(150g)
- 당근 ¼개
- 대파 2단
- 애호박 ¼개
- 달걀 1개
- 참기름 1큰술
- 스리라차소스 3큰술
- 샐러드 채소 50g
- 소금 약간
- 후춧가루 약간
- 올리브유 적당량
- 검은깨 약간(선택)

① 샐러드 채소와 나머지 채소는 흐르는 물에 씻어서 물기를 뺍니다.
② 당근, 애호박, 대파는 잘게 썰어주세요.
③ 두부는 키친타월을 이용해 물기를 뺍니다.
④ 두부를 그릇에 넣고 포크로 잘게 으깨주세요.
⑤ 올리브유를 두른 프라이팬에 두부를 넣고 물기 없이 포슬포슬해질 정도로 볶아주세요.
⑥ 당근, 애호박, 대파를 넣고 더 볶아줍니다.
⑦ 재료가 노릇노릇 익어가면 가운데에 달걀을 하나 터뜨려 같이 볶아줍니다.
⑧ ❼에 참기름을 넣고 간을 봐가며 소금, 후춧가루를 넣습니다.
⑨ ❽의 볶음밥을 공기에 꽉 채워 넣은 후 넓은 그릇 중앙에 그대로 뒤집어 놓습니다.
⑩ 볶음밥 주변에 샐러드 채소를 플레이팅합니다.
⑪ 볶음밥에 검은깨를 뿌리고 스리라차소스를 종지에 담아 완성합니다.

☜ 디톡스 포인트

두부는 물기를 완전히 뺀 후 구워야 더욱 바삭하고 고소합니다. 단순히 키친타월로 물기를 제거해도 되지만, 시간이 부족하다면 먹기 좋게 썬 두부를 접시에 올리고 전자레인지에 3분 정도 구우면 물기를 좀 더 빨리 뺄 수 있어요.

2

3

4

5

6

7

'브로콜리' 사과 샐러드

454kcal 복부 지방 제거

체지방 분해에 효과적인 브로콜리와 섬유소 가득한 사과가 만나면 식감이 아삭하면서도 상큼 달콤한 다이어트 샐러드를 즐길 수 있어요. 채소, 과일만 넣으면 허전할 수 있어 닭 가슴살을 추가해 단백질까지 든든하게 챙겼습니다. 매일 먹고 싶을 정도로 맛있으니 재료를 준비해서 만들어보세요. 닭 가슴살을 프라이팬에 구울 때는 중간 불에서 앞뒤로 노릇노릇하게 구운 후, 마지막에 약한 불로 뚜껑을 덮어 찌듯이 구우면 촉촉한 육즙을 살릴 수 있습니다.

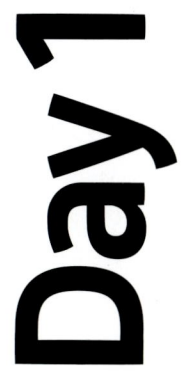

Day 1

난이도 Medium

소요 시간 20분

재료
- 브로콜리 ½개
- 사과 ½개
- 파프리카 ¼개
- 오이 ¼개
- 삶은 달걀 2개
- 닭 가슴살 100g
- 파슬리 가루 약간(선택)
- 소금 1큰술
- 올리브유 적당량

드레싱 재료
- 무설탕 플레인 요거트 3큰술
- 레몬즙 ½큰술
- 알룰로스 ½큰술
- 소금 약간
- 후춧가루 약간

① 모든 채소를 흐르는 물에 씻은 후 채반에 밭쳐 물기를 뺍니다.
② 브로콜리를 먹기 좋은 크기로 송이를 자르고, 줄기는 껍질을 깎은 후 어슷하게 썹니다.
③ 팔팔 끓는 물에 소금 1큰술을 넣은 후, 브로콜리를 1분 정도 데쳐줍니다.
④ 데친 브로콜리를 채반에 밭쳐 물기를 뺍니다.
⑤ 사과는 껍질째 깍둑썰기 하고, 파프리카와 오이도 먹기 좋은 크기로 자릅니다.
⑥ 미리 삶아둔 달걀은 찬물에 담갔다가 껍질을 까서 먹기 좋게 자릅니다.
⑦ 분량의 재료로 드레싱을 만들어줍니다.
⑧ 닭 가슴살은 프라이팬에 올리브유를 두르고 중간 불에 노릇노릇하게 구운 후 길게 슬라이스합니다.
⑨ 모든 재료와 드레싱을 잘 버무린 후 마지막으로 닭 가슴살을 올리고 파슬리 가루를 뿌려 완성합니다.

← 디톡스 포인트

브로콜리를 데치기 전 끓는 물에 소금 1큰술을 넣고 녹이면 물의 끓는점이 올라가 좀 더 빠르고 아삭하게 채소를 데칠 수 있어요.

2

3

5

6

8

'팽이버섯' 오트밀죽

272kcal 체지방 연소

Day 2

팽이버섯은 100g당 36kcal로 열량이 매우 낮고 수분과 섬유소가 풍부하게 들어 있어 포만감을 주는 다이어트 식품입니다. 팽이버섯에는 키토글루칸이라는 성분이 버섯 중에서도 가장 많이 함유되어 있는데, 이 성분이 지방 축적을 억제하고 연소를 촉진하는 효과를 냅니다. 또 팽이버섯에 함유된 식이 섬유와 리놀레산은 숙변을 제거해줄 뿐 아니라 콜레스테롤 수치를 낮춰, 고혈압, 동맥경화, 심근경색 예방에 효과적이며 치매와 암도 예방해줍니다. 이처럼 가격도 저렴한데 몸에 이로운 다양한 효과를 지니고 있는 팽이버섯과 오트밀이 만나면 식감이 더욱 풍성하고 크리미해집니다. 이번 챕터에서는 다이어트 대표 식품 팽이버섯과 오트밀을 사용한 영양 가득 오트밀죽을 만들어보려고 해요.

난이도 Medium

소요 시간 15분

재료
- 팽이버섯 ½봉지
- 오트 35g
- 다진마늘 1큰술
- 대파 ½단
- 홍고추 ¼개
- 청고추 ¼개
- 달걀 1개
- 참기름 1큰술
- 피시소스 ½큰술
- 검은깨·김 가루 약간(선택)
- 소금 약간
- 후춧가루 약간
- 올리브유 적당량

① 팽이버섯은 봉지째 밑동을 잘라냅니다.
② 흐르는 물에 ❶을 씻은 후 1~2cm 간격으로 잘라주세요.
　팽이버섯을 그냥 먹을 경우 50%만 소화되지만, 잘게 썰면 영양을 더 골고루 흡수할 수 있어요.
③ 다른 채소들도 흐르는 물에 깨끗이 씻어줍니다.
④ 대파, 홍고추, 청고추도 잘게 썰어주세요.
⑤ 팬에 올리브유를 두르고 다진 마늘과 파를 먼저 볶아주세요.
⑥ 마늘과 파가 약간 노릇노릇해지면 팽이버섯과 고추를 넣고 살짝 볶아줍니다.
⑦ 소금, 후춧가루로 간합니다.
⑧ ❼에 오트를 넣고 끓이다가 달걀 1개를 터뜨린 후 3~4분간 더 끓여주세요.
⑨ 불을 끈 후 간을 보며 피시소스와 참기름을 넣어주세요.
⑩ 취향에 따라 깨, 김 가루를 뿌려서 먹습니다.

☞ 디톡스 포인트

팽이버섯의 세포벽이 단단해서 일반적인 조리법으로는 체지방을 분해하는 성분인 키토산을 충분히 섭취하기 어려운데, 얼리면 단단한 세포벽이 찢어지면서 키토산의 흡수율을 높일 수 있다고 해요. 세척 후 잘게 썰어서 비닐 백에 넣어 냉동 보관하면 여러 요리에 손쉽게 활용할 수 있어요.

' 배' 피칸 샐러드

340kcal 독소 제거

식감이 아삭하고 한입 베어 물면 수분이 입안 가득 퍼지는 배. 기관지 건강을 이야기할 때 가장 많이 언급되는 식품 중 하나로 사포닌 성분이 풍부하게 들어 있어 기침, 가래 등을 완화합니다. 또 혈액 속 노폐물을 걸러주고 간을 해독할 뿐 아니라, 85% 이상이 수분으로 이루어져 숙취 및 갈증 해소, 그리고 변비 완화에 좋아요. 배는 샐러드에 흔히 넣는 과일은 아니지만, 고소한 견과류, 샐러드 채소, 새콤달콤한 베리 드레싱과 함께하면 훨씬 고급스러운 맛을 낸답니다. 같은 제철 과일인 사과를 넣어 달콤새콤한 맛을 내는 초간단 샐러드를 소개합니다.

Day 2

난이도 Easy

소요 시간 15분

재료
- 배 ½개
- 사과 ½개
- 새싹 채소 1팩
- 구운 피칸 10개

드레싱 재료
- 블루베리 20개
- 배 2조각
- 올리브유 3큰술
- 꿀 1큰술
- 레몬즙 ½큰술

※ 모든 재료를 믹서에 넣고 돌립니다.

① 새싹 채소를 깨끗한 물에 씻은 후 채반에 받쳐 물기를 제거합니다.
② 배와 사과는 씻은 후 껍질째 얇게 썰어줍니다.
③ 샐러드 그릇에 새싹 채소를 담고, 손질한 배와 사과를 올립니다.
④ 구운 피칸을 올리고 분량의 재료로 만든 드레싱을 부어서 완성합니다.

← 디톡스 포인트

배 껍질에는 항산화 물질이 풍부하게 함유되어 있는데, 노화 예방, 항암, 면역력 증진 등에 도움을 준다고 해요. 시중에서 판매하는 배즙을 구매할 때도 껍질까지 갈아낸 제품(전체식)을 구매하는 것이 과육만 함유된 제품보다 영양분이 훨씬 많습니다.

'콩나물' 샐러드

160kcal 저칼로리

콩나물은 콩류의 씨앗으로, 다른 채소에 비해 양질의 대두 단백질을 많이 함유하고 있습니다. 대두 단백질은 체지방 연소를 촉진하고 축적을 억제하는 효과가 있어요. 특히 대두에 함유된 사포닌은 지질 대사 개선과 비만 방지 효과가 있다고 알려져 있습니다. 1봉지(200g)당 30㎉밖에 되지 않아 마음 놓고 먹을 수 있는 저칼로리 콩나물을 반찬과 샐러드로 활용하는 간단 레시피를 소개합니다. 참고로 콩나물 뿌리가 지저분해서 제거하는 경우가 많은데, 이 뿌리에 핵심 영양소인 비타민 C와 알코올을 해독하는 아스파라긴산이 함유되어 있기 때문에 제거하지 말고 깨끗하게 씻어서 섭취합니다.

Day 3

난이도 Easy

소요 시간 20분

재료
- 콩나물 1줌
- 마늘 5톨
- 맛살 2개
- 당근 ¼개
- 사과 ¼개
- 파프리카 ¼개
- 부추 약간
- 양상추 2장
- 통깨 약간

드레싱 재료
- 매실청 3큰술
- 애플 사이다 비니거 (또는 식초) 2큰술
- 알룰로스 1큰술
- 레몬즙 1큰술
- 다진마늘 1큰술
- 소금 약간

🥄 디톡스 포인트

끓는 물에 콩나물을 데치면 함유된 수용성비타민 C가 물에 녹기 때문에 영양소를 온전히 섭취할 수 없고, 감칠맛도 놓칠 수 있으니, 물 없이 익히는 것을 추천합니다.

① 모든 채소를 흐르는 물에 깨끗이 씻은 후 채반에 받쳐 물기를 뺍니다.

② 콩나물을 빈 냄비에 넣은 후 물 없이 중약불로 7분 정도 익힙니다.
중간에 뚜껑을 열면 콩 비린내가 나니 열지 않습니다.

③ 콩나물을 익힐 동안 당근, 사과, 파프리카는 길게 채 썰고, 부추는 5㎝ 길이로 썰어줍니다.

④ 맛살도 길고 얇게 찢어주세요.

⑤ 마늘은 잘게 다집니다.

⑥ 콩나물이 다 익었으면 뚜껑을 열고 한번 뒤집어서 식힙니다.
익힌 콩나물은 감칠맛이 사라지므로 찬물에 따로 헹구지 않습니다.

⑦ 콩나물과 손질한 채소, 사과, 맛살, 다진 마늘을 볼에 넣은 후 분량의 재료로 만든 드레싱을 넣고 잘 버무려주세요.

⑧ 씻은 양상추를 먹기 좋은 크기로 손으로 찢어 그릇에 먼저 깔아주세요.

⑨ ❼을 양상추 위에 올린 후 통깨를 솔솔 뿌려 완성합니다.

2  3

4  9

'서리태' 후무스 샐러드

323kcal 내장 지방 연소

다이어트를 해도 뱃살이 잘 빠지지 않는 이유는 뭘까요? 배는 다른 부위처럼 체지방만 있는 게 아니라 복벽 안쪽에 내장 지방이 많이 쌓이기 때문이에요. 내장 지방을 효과적으로 빼기 위해서는 설탕, 액상 과당 등 정제 탄수화물의 섭취를 줄이고, 비타민이나 무기질이 많은 식품을 섭취하는 것이 매우 중요해요. 이런 식품 중 내장 지방을 태우는 효과가 가장 좋은 것이 바로 '콩'입니다. 콩에는 내장 지방을 직접 분해하는 콜린이 아주 많이 들어 있어 다이어트 식품으로 좋을 뿐 아니라 '밭에서 나는 소고기'라는 별명이 있을 정도로 단백질이 풍부해요. 이번 레시피에서는 국산 콩 중에서도 단백질이 가장 많고 내장 지방 분해 효과가 있는 서리태를 이용해 중동 대표 디핑소스인 후무스를 만들어 샐러드로 활용해볼 거예요.

Day 3

난이도 Easy

소요 시간 70분

재료
- 삶은 달걀 1개
- 새싹 채소 1팩
- 당근 ¼개
- 오이 ¼개
- 파프리카 ¼개
- 피타빵 또는 통밀빵 2조각

후무스 재료(3회분)
- 서리태 150g
- 올리브유 2큰술
- 다진 마늘 ¼큰술
- 통깨 1큰술
- 레몬즙 1큰술
- 콩 삶은 물 30㎖
- 커민 가루·파프리카 가루(선택)
- 소금 약간

① 서리태를 깨끗이 씻은 후 물을 넉넉하게 담아 최소 10시간 이상 불려줍니다.

② ❶의 불린 물을 버리지 말고 그대로 냄비에 담아 서리태를 넣고 끓입니다.

③ 팔팔 끓기 시작하면 약한 불로 줄인 후 20~30분간 서서히 익힙니다.
중간에 하얀 거품을 떠내며 물이 졸아들지 않았는지 확인합니다.

④ 서리태를 삶을 동안 채소를 씻고 채반에 밭쳐 물기를 뺍니다.

⑤ 달걀은 삶아서 반으로 자르고, 파프리카는 먹기 좋은 크기로 자릅니다.

⑥ 당근과 오이는 5㎝ 정도 길이로 잘라주세요.

⑦ 통깨는 곱게 갈아줍니다.

⑧ 믹서에 분량의 후무스 재료를 넣고 갈아줍니다.
콩 삶은 물은 한번에 다 넣지 말고 농도를 보며 추가합니다.

⑨ 그릇 한가운데에 서리태 후무스를 쌓아 올립니다.

⑩ 후무스를 중심으로 원을 그리며 새싹 채소, 삶은 달걀, 당근, 오이, 파프리카를 올려주세요.

⑪ 구운 통밀빵을 함께 플레이팅합니다.

☛ 디톡스 포인트

후무스는 냉장 보관해서 먹을 수 있지만, 3~4일 이내에 먹는 것이 가장 좋습니다. 빵이나 통밀 크래커에 스프레드로 발라 먹어도 좋고, 아삭한 채소 스틱에 찍어 먹어도 맛있게 즐길 수 있어요.

1  3  4
5  7  8

'양배추' 닭고기 만두

384kcal
포만감UP

다이어트할 때 유난히 만두가 당길 때가 있습니다. 하지만 고기만두 1개(100g 기준)에 약 100~120kcal로, 3개 먹으면 밥 1공기 정도의 열량이기 때문에 다이어터에게는 부담스러운 게 사실이죠. 양배추는 섬유질이 풍부해 콜레스테롤 수치를 낮춰주고, 소량 섭취해도 포만감을 느낄 수 있는 대표적인 다이어트 식품입니다. 그뿐 아니라 비타민 C, 베타카로틴, 클로로필 등 영양분이 풍부하고 항암 효과까지 있어 꾸준히 섭취하면 몸에 더없이 좋은 건강 식품이랍니다. 이번 챕터에서는 밀가루로 만든 만두피 대신 양배추를, 당면 대신 두부를 넣어 건강하면서도 맛있게 먹을 수 있는 다이어트 만두 레시피를 소개할게요.

난이도 Medium

소요 시간 25분

재료
- 양배추 ¼개
- 두부 100g
- 닭 가슴살 다짐육 100g
- 양파 ¼개
- 대파 ½단
- 청양고추 ½개
- 부추 약간
- 참기름 1큰술
- 소금 약간
- 후춧가루 약간

양념장 재료
- 진간장 2큰술
- 다진 마늘 1큰술
- 매실청 1큰술
- 참기름 1큰술
- 고춧가루 ½큰술
- 통깨 약간

① 모든 채소를 흐르는 물에 깨끗이 씻은 후 채반에 받쳐 물기를 뺍니다.
② 두부는 키친타월로 물기를 제거하고 그릇에 담아 포크로 으깨주세요.
③ 양파, 대파, 청양고추, 부추는 잘게 다져주세요.
  닭 가슴살도 해동한 후 직접 다져도 좋지만, 시중에 파는 다진 닭 가슴살 또는 닭 안심살을 구매하면 조리 시간을 단축할 수 있어요.
④ 볼에 으깬 두부와 다진 채소, 닭 가슴살을 모두 넣은 후 참기름, 소금, 후춧가루로 간합니다.
⑤ 재료와 양념을 잘 섞어서 만두소를 만듭니다.
⑥ 찜기에 손바닥 크기로 자른 양배추를 넣고 5분간 찝니다.
  양배추를 찔 때는 물이 펄펄 끓으며 김이 날 때 넣어야 맛있게 찔 수 있어요. 끓기 전에 양배추를 넣으면 낮은 열에 익어서 눅눅해질 수 있답니다.
⑦ 찐 양배추는 채반에 올려 물기를 빼고 식힙니다.
⑧ 양배추 위에 만두소를 한 수저 올린 후 돌돌 말아줍니다.
⑨ 양배추 만두를 찜기에 넣고 뚜껑을 덮은 후 8~9분간 찝니다.
⑩ 익은 만두를 그릇에 담고 분량의 재료로 만든 양념장을 곁들여 플레이팅합니다.

✎ 디톡스 포인트

다이어트용 만두피를 만들 때 양배추 외에 배추나 라이스페이퍼 등 다른 재료를 시도해봐도 좋아요.

알리오올리오 '미역 면' 파스타

125kcal 저칼로리

밀가루, 전분 없이 국수 형태로 가공한 미역 면은 1봉지 300g을 다 먹어도 16㎉라 곱빼기를 먹어도 약 30㎉밖에 되지 않아요. 이번 챕터에서는 시중에 판매하는 고칼로리 파스타 소스가 아닌, 홈메이드 올리브유소스로 가볍고 건강하게 먹을 수 있는 새우 알리오 올리오 파스타를 소개합니다. 올리브유로 고소하게 볶은 마늘에 페페론치노로 살짝 매콤한 간을 더하고, 탱글탱글한 미역 면에 왕새우를 올려 한 끼 든든하게 먹을 수 있는 건강 파스타입니다.

Day 4

난이도 Easy

소요 시간 20분

재료
- 미역 면 180g
- 손질한 냉동 새우 7마리
- 마늘 10~15톨
- 브로콜리 1줌
- 페페론치노 약간
- 파슬리 가루 약간(선택)
- 올리브유 적당량
- 소금 약간
- 후춧가루 약간

① 미역 면과 함께 들어 있는 보존수는 버리고 면을 흐르는 물에 충분히 헹궈줍니다.
② 씻은 면을 채반에 받쳐 물기를 빼주세요.
③ 마늘은 씻어서 꼭지를 제거하고 편으로 썰어줍니다.
④ 팬에 올리브유를 충분히 두르고 마늘과 페페론치노를 넣어 중간 불에 볶습니다.
⑤ ❹에 새우와 깨끗하게 씻어 먹기 좋게 손질한 브로콜리를 넣고 같이 볶아주세요.
⑥ 재료가 다 익을 때쯤 물기를 뺀 미역 면을 넣어 2~3분간 가볍게 볶아줍니다.
⑦ 소금, 후춧가루로 간합니다.
⑧ 그릇에 면을 먼저 담고 새우, 브로콜리, 마늘을 올립니다.
⑨ 파슬리 가루를 뿌려 마무리합니다.

👉 디톡스 포인트

· 미역 면 자체에 물기가 있어 팬에 올릴 때 기름이 튈 수 있으니 주의하세요.
· 미역 면을 오래 볶으면 식감이 떨어질 수 있으니, 데운다는 느낌으로 가볍게 볶습니다.

'두부 참치 스테이크' 샐러드

477kcal
고단백

Day 5

다이어트를 하려면 기본적으로 탄수화물에 들어 있는 당질 섭취를 줄이고, 단백질 섭취를 늘려야 합니다. 이를 실천하기 위해 조리가 편하면서도 비교적 저렴하게 구할 수 있는 재료가 바로 두부입니다. 두부는 단백질이 풍부하면서도(약 24g), 탄수화물 함량이 낮아(약 3g) 다이어트할 때 부담 없이 먹을 수 있어요(두부 1모 300g 기준). 또 필수아미노산이 골고루 함유되어 있어 고기 대신 섭취하기 좋은 단백질 식품입니다. 두부 300g당 지방은 약 18g 함유되어 있는데, 이 또한 몸에 좋지 않은 LDL 콜레스테롤을 낮추고 심혈관 질병을 예방하는 불포화지방산이기 때문에 건강에 매우 좋습니다. 이번 챕터에서는 두부와 식감이 부드럽게 어우러지는 참치를 활용해서 만들 수 있는 스테이크 샐러드 레시피를 소개해드릴게요.

난이도 Easy

소요 시간 15분

재료
- 참치 1캔(85g)
- 두부 ½모
- 양파 ¼개
- 대파 ½단
- 달걀 1개
- 샐러드 채소 50g
- 방울토마토 3개
- 파슬리 가루 약간
- 소금 약간
- 후춧가루 약간
- 올리브유 적당량

드레싱 재료
- 매실청 3큰술
- 애플 사이다 비니거 (또는 식초) 2큰술
- 알룰로스 1큰술
- 레몬즙 1큰술
- 다진 마늘 1큰술
- 소금 약간

🖐 디톡스 포인트

스테이크 느낌을 내고 싶다면 조금 더 큰 원형으로 만들어도 좋아요.

① 두부는 키친타월로 물기를 제거한 후 포크로 으깨줍니다.
② 샐러드 채소와 방울토마토는 깨끗이 씻은 후 물기를 뺍니다.
③ 양파와 대파는 잘게 썰어줍니다.
④ 참치는 기름을 제거한 후 준비해주세요.
⑤ 그릇에 으깬 두부와 참치, 다진 양파, 대파를 넣고 달걀을 깨뜨려 넣어 섞어줍니다.
⑥ ❺에 소금, 후춧가루로 간합니다.
⑦ 섞은 반죽을 둥글게 빚은 후 올리브유를 두른 프라이팬에 올려 앞뒤로 누르며 노릇노릇 굽습니다.
⑧ 굽는 동안 분량의 재료로 샐러드 드레싱을 만듭니다.
⑨ 그릇에 샐러드 채소와 방울토마토를 올린 후 ❼의 두부 참치 스테이크를 플레이팅합니다.
⑩ 스테이크 위에 파슬리 가루를, 샐러드 위에 드레싱을 부어 완성합니다.

가니시로 아스파라거스나 토마토를 구워서 곁들여도 멋스러워요.

'연어' 포케 샐러드

310kcal 과체중 방지

포케(poke)는 하와이 말로 '자른다'는 뜻으로, 갓 잡은 생선을 네모나게 썰어 소스와 밥 등에 버무려 먹는 대표적인 하와이 음식이에요. 우리나라의 회덮밥 또는 비빔밥과 비슷한 음식이라고 보면 될 것 같아요. 따로 조리할 필요 없이 재료만 있으면 그릇에 넣고 다 같이 비벼 먹으면 되기 때문에 간편할 뿐 아니라, 풍부한 영양소를 챙길 수 있는 건강식 샐러드 덮밥이에요. 연구에 따르면 연어에 풍부하게 들어있는 오메가 3 지방질은 체중 감소를 촉진하고, 아랫배 지방을 감소하는 데 도움을 준다고 해요.

Day 5

난이도 Easy

소요 시간 15분

재료
- 연어 70g
- 샐러드 채소 30g
- 오이 ⅓개
- 당근 ⅓개
- 방울토마토 6개
- 맛살 약간
- 옥수수 & 올리브 3큰술
- 래디시 ⅓개
- 현미밥 50g
- 크리스피 어니언 플레이크 약간(선택)

양념장 재료
- 진간장 1큰술
- 물 3큰술
- 맛술 1큰술
- 알룰로스 ½큰술
- 후춧가루 약간

드레싱 재료
- 스리라차소스 3큰술
- 마요네즈 3큰술

① 샐러드 채소와 나머지 채소를 깨끗하게 씻은 후 채반에 받쳐 물기를 뺍니다.
② 연어는 먹기 좋게 깍둑썰기 합니다.
③ 자른 연어는 분량의 재료로 만든 양념장에 최소 20분 이상 재워줍니다.
④ 연어를 재우는 동안 분량의 재료로 드레싱을 만듭니다.
⑤ 오이와 래디시는 껍질째 얇게 자르고, 당근은 채칼로 길게 썰어줍니다.
⑥ 방울토마토는 꼭지를 딴 후 반으로 자르고, 맛살은 손으로 잘게 찢어주세요.
⑦ 한가운데 연어를 올리고 연어를 중심으로 원을 그리며 채소와 맛살, 옥수수 & 올리브, 현미밥을 올립니다.
⑧ 현미밥 위에 어니언 플레이크를 살짝 뿌려주세요.
⑨ 연어에 드레싱을 부어서 완성합니다.

디톡스 포인트

- 연어가 없다면 참치로 대체해보세요.
- 채소는 꼭 레시피대로 넣지 않아도 괜찮아요. 냉장고에 있는 자투리 채소를 적극 활용해서 나만의 맛있는 포케를 만들어보세요.

5-day 프로그램 ❸

혈액을 맑게, 세포를 젊게

적당한 칼로리의 건강한 식단을 유지하면서 체내 독소를 빼는 동작을 지속적으로 해주면 림프 흐름이 좋아지고 불순물이 땀으로 배출되면서 진정한 디톡스를 실현할 수 있어요. 요가에서는 몸을 비트는(twist) 동작이 디톡스에 더욱 효과가 좋다고 하지만, 어떤 운동이든 꾸준히 하면 디톡스에 좋지 않을 이유가 없습니다. 디톡스를 하면 혈관 컨디션이 좋아져 피부가 맑아지고 노화를 늦추며, 면역력을 증진합니다.

5일 미션

A. 천연 발효 식초와 친해지기
물 1ℓ에 천연 발효 식초 30㎖ 정도를 섞어 수시로 마셔보세요. 너무 시다면 농도를 조절하고 꿀이나 알룰로스를 섞어 기호에 맞게 마시면 됩니다. 식초는 물에 녹는 항산화제인 유기산이 풍부해 체내 나쁜 활성산소를 파괴하고, 혈액에 쌓이는 젖산을 분해해서 디톡스에 효과적입니다.

B. 기상 직후 스트레칭
아침에 일어나서 전신 스트레칭을 해주세요. 밤새 굳어 있던 온몸의 근육을 구석구석 풀어주면 혈액 및 림프 순환이 원활해져 체내 독소를 배출하는 데 도움을 준답니다.

C. 반신욕 하기
긴 하루의 피로를 반신욕으로 풀어보세요. 반신욕은 혈류를 활발하게 해서 신진대사 균형을 잡아주고, 체내 노폐물을 배출해줍니다.

D. 자기 전 복부 마사지
복부 마사지는 배 속 장기에 물리적인 자극을 주어 혈액순환을 원활하게 하고, 장운동을 활발하게 합니다. 배 위에 양손을 겹쳐 올리고, 손바닥에 힘을 주어 배꼽 주변으로 원을 그리면서 돌려줍니다.

E. 나트륨과 멀어지기
세계보건기구에서 권장하는 나트륨 최대 섭취량은 성인 기준 2,000㎎입니다. 우리나라 성인 하루 평균 섭취량은 약 4,800㎎으로 권장량의 2배 이상이라고 해요. 디톡스 기간만큼이라도 라면, 햄, 통조림 같은 가공식품 섭취를 줄이고, 국물은 되도록 자제해보세요.

※ 모든 동작은 기재된 시간 동안 자신의 페이스에 맞게 반복해서 진행합니다.

5일 추천 운동

※ 모든 동작은 2~3SET/가능하다면 하루 3개 동작 연속으로 도전해보기

1일차

소고양이 자세 10회

척추를 바로잡아 내장 기관을 활성화해주는 동작

1. 테이블 자세(P.039)에서 준비합니다.
2. 마시는 숨에 허리를 오목하게 만들어 가슴을 들어 올립니다.
3. 내쉬는 숨에 등을 둥글게 말고 꼬리뼈와 복부를 수축합니다.

※ 호흡을 길고 깊게 하면서 10회 정도 반복합니다.

2일차

상체 좌우로 비틀기 각 15초

상체를 비틀어서 체내 독소를 효과적으로 배출하는 동작

1. 편하게 앉은 상태에서 숨을 들이마시며 양손을 위로 뻗습니다.
2. 숨을 내쉬면서 오른손으로 왼쪽 무릎 바깥쪽을 잡고, 왼손으로 엉덩이 뒤쪽 바닥을 짚은 후, 시선은 뒤쪽 멀리로 향합니다. 호흡을 깊게 하면서 내쉬는 숨에 좀 더 깊이 트위스트합니다.
3. 반대쪽도 동일하게 진행합니다.

※ 목과 어깨의 긴장을 풀어주세요.

3일차

다운독 자세 30초

전신 혈액순환 및 피로 해소에 좋은 동작

1. 테이블 자세(P.039)에서 준비합니다.
2. 꼬리뼈를 천장 쪽으로 끌어올려 몸을 삼각형으로 만들고, 손바닥으로 바닥을 지그시 누르며 어깨와 허리를 폅니다. 가능하다면 무릎을 펴서 다리 뒤쪽을 스트레칭합니다.

4일차

비둘기 자세 각 15초

상하체 혈액과 림프 순환을 원활하게 하는 동작

1. 테이블 자세(P.039)에서 준비합니다.
2. 왼쪽 무릎을 접어 앞으로 보내고 오른쪽 다리는 뒤로 쭉 뻗어줍니다.
3. 상체를 앞으로 숙이며 가슴과 무릎이 가까워지도록 합니다.

※ 가능하다면 이마를 바닥에 대고 호흡하면서 자세를 유지합니다. 반대쪽도 시행합니다.
※ 뒤로 뻗은 다리 쪽 골반이 뜨지 않도록 바닥 쪽으로 눌러줍니다.

5일차

소머리 자세 각 15초

비틀어진 척추와 골반의 균형을 바로잡는 동작

1. 두 다리를 뻗고 앉은 상태에서 오른쪽 다리가 아래로, 왼쪽 다리가 위로 가게 무릎을 포개주세요.
2. 발뒤꿈치를 당겨서 양 뒤꿈치가 같은 선상에 있는지 확인합니다.
3. 왼손을 머리 위로 보내 팔꿈치를 접은 후, 등 뒤에서 양손을 맞잡아 허리를 곧게 폅니다.
4. 호흡을 깊게 하면서 어깨와 가슴을 열어줍니다.

※ 가능한 곳에서 호흡하며 유지하고, 반대쪽도 시행합니다.
※ 양쪽을 비교했을 때 잘 안 되는 쪽을 더 연습합니다.

Follow the 5-day Meal Prep
5일 밀 프렙 따라 하기

재료		드레싱 재료
☑ 자숙 문어 다리 2개	☐ 땅콩 10개	☑ 올리브유
☐ 감자 1개	☐ 다진 소고기 100g	☐ 진간장
☐ 방울토마토 35개	☐ 다진 돼지고기 50g	☐ 발사믹 식초
☐ 적양파 ¼개	☐ 다진 고수 약간(선택)	☐ 참기름
☐ 양파 1개 반	☐ 레몬 약간(선택)	☐ 알룰로스
☐ 새싹 채소 1줌	☐ 홍고추 약간	☐ 다진 파
☐ 통곡물(귀리·현미·보리·병아리콩) ½컵	☐ 청양고추 약간	☐ 다진 마늘
☐ 두부 ¼모	☐ 블랙 올리브 슬라이스(로테토) 약간	☐ 레몬즙
☐ 애호박 ½개	☐ 통밀 토르티야(풀무원) 2장	☐ 들기름
☐ 메추리알 3개(또는 달걀 1개)	☐ 닭 가슴살 소스품닭 숯불갈비맛(아임닭) 100g	☐ 매실액
☐ 가지 1개	☐ 닭 가슴살 오리지널(하림) 200g	☐ 굴소스
☐ 샐러드 채소 80g	☐ 리얼 크랩스(동원) 1개	☐ 마요네즈(잇츠베러)
☐ 마늘 15톨	☐ 후레쉬 모차렐라 미니(덴마크) 약간	☐ 홀그레인 머스터드
☐ 양송이버섯 3개	☐ 치즈다운 치즈(서울우유×마켓컬리) 1장	☐ 김 가루
☐ 현미밥 100g	☐ 식단 면 생면(단백질 제면소) 100g	☐ 통깨
☐ 청상추 3장	☐ 1등급 훈제오리(다향) 100g	☐ 파슬리 가루
☐ 오이 약 1개	☐ 삼색 푸실리(데체코) 80g	☐ 피시소스
☐ 빨강·노랑 파프리카 각 약 2개	☐ 옥수수 & 올리브(봉듀엘) 약간	☐ 스시라차소스
☐ 적양배추 ⅙개	☐ 실곤약(곤미방) 100g	☐ 식초
☐ 양배추 ⅙개	☐ 배부른 찰보리흑미곤약밥(그로서리서울) 1팩	☐ 그라나 파다노 치즈(선택)
☐ 아보카도 ½개	☐ 닭 가슴살 슬라이스 햄(굳네) ½팩	☐ 이탤리언 파슬리
☐ 깻잎 3장		☐ 소금
☐ 렌틸콩 50g		☐ 후춧가루
☐ 통로메인 2개		☐ 버터
☐ 칵테일 새우 15마리		

문어 '감자' 샐러드

335kcal 영양가득

문어와 감자는 한번 먹으면 잊지 못할 조합입니다. 문어에는 타우린이 풍부해서 혈액 내 콜레스테롤을 저하시키고, 뇌를 건강하게 해 치매 예방, 노화 방지 효과를 발휘합니다. 감자는 '밭에서 나는 사과'라는 별명이 있을 정도로 비타민 C를 많이 함유해 피부 미용에 좋아요. 영양이 가득한 문어와 감자를 한 끼 샐러드로 건강하게 만나보세요.

Day 1

난이도 Medium

소요 시간 30분

재료
- 자숙 문어 다리 2개
- 감자 1개(200g)
- 방울토마토 6~7개
- 적양파 ¼개
- 새싹 채소 1줌
- 소금 약간
- 레몬 약간(선택)

드레싱 재료
- 올리브유 3큰술
- 레몬즙 3큰술
- 알룰로스 1큰술
- 이탤리언 파슬리 1큰술
- 다진 마늘 ½큰술

① 모든 채소를 흐르는 물에 씻은 후 채반에 밭쳐 물기를 뺍니다.
② 감자는 껍질을 벗기고 먹기 좋은 크기로 잘라 전자레인지용 그릇에 담은 후, 감자가 살짝 잠길 정도로 물을 넣고 소금을 뿌립니다. 그런 다음 랩을 씌워 전자레인지에서 7~8분간 돌려주세요.
③ 감자를 삶는 동안 분량의 재료로 드레싱을 만듭니다.
④ 끓는 물에 자숙 문어를 넣고 30초간 데칩니다.
  자숙 문어는 한번 익힌 문어이기 때문에 오래 익히면 질겨지니 주의하세요.
⑤ 데친 문어는 먹기 좋은 크기로 썰어주세요.
⑥ 방울토마토는 4등분하고, 양파는 큐브로 작게 썰어주세요.
⑦ 볼에 문어, 토마토, 양파를 넣은 후 드레싱을 부어 잘 섞어주세요.
⑧ 샐러드 그릇에 새싹 채소를 깔고 감자와 ❼을 올립니다.
⑨ 레몬을 반달 모양으로 얇게 썰어 플레이팅합니다.

☞ 디톡스 포인트

감자를 삶을 때 전자레인지 조리는 95%, 찔 경우에는 67%, 삶을 경우에는 25%의 비타민 C가 남는다고 해요. 물에 삶기보다는 전자레인지를 사용하거나 쪄서 먹는 것이 비타민 C를 상대적으로 많이 섭취할 수 있어요.

'두부' 통곡물 샐러드

412kcal 포만감 UP

채소만 먹기엔 배가 고프고, 밥을 먹기엔 부담스럽다면 샐러드에 통곡물을 듬뿍 넣어 먹어보세요. 슈퍼푸드인 귀리와 현미, 보리, 병아리콩 등 다양한 통곡물로 밥을 짓고, 두부와 채소를 구워서 곁들인 따뜻한 한 끼 샐러드입니다. 곡물과 두부가 어우러져 고소함이 배가되고, 기분 좋은 포만감도 배가 된답니다.

Day 1

난이도 Medium

소요 시간 40분

재료

- 통곡물(귀리·현미·보리·병아리콩 등) ½컵(70g)
- 두부 ¼모
- 애호박 ¼개
- 삶은 메추리알 3개(또는 삶은 달걀 1개)
- 소금 약간
- 후춧가루 약간
- 올리브유 적당량

드레싱 재료

- 올리브유 2큰술
- 진간장 2큰술
- 발사믹 식초 2큰술
- 참기름 1큰술
- 알룰로스 ½큰술
- 레몬즙 ½큰술

① 볼에 귀리, 현미, 보리가 충분히 잠길 정도로 물을 담고 30분간 불립니다.
   병아리콩은 전날 미리 불리거나, 조리 전 2시간 이상 불려주세요.

② 불린 통곡물을 끓는 물에 넣어주세요. 물이 팔팔 끓기 시작하면 하얀 거품을 떠내고 중약불로 낮춰 20분 정도 삶은 후 불을 끄고 5~10분간 뜸 들입니다.

③ 삶은 통곡물은 체에 밭쳐 물기를 뺍니다.

④ 두부는 키친타월로 물기를 제거하고 큐브 모양으로 깍둑썰기 합니다.
   두부는 물기를 제거해야 더 바삭하고 고소하게 구울 수 있습니다.

⑤ 애호박은 얇게 썰고, 삶은 메추리알은 반으로 썰어주세요.

⑥ 오븐이나 에어 프라이어용 팬에 두부, 애호박을 담은 후 올리브유, 소금, 후춧가루로 간하고 180℃로 맞춘 에어 프라이어에서 15분간 굽습니다(중간에 한번 뒤집어주세요).

⑦ 분량의 재료로 드레싱을 만든 후 모든 재료와 버무려 그릇에 담습니다.

☞ 디톡스 포인트

통곡물을 삶는 게 번거롭게 느껴진다면 전기밥솥을 이용해 보세요. 잡곡 모드가 아닌 백미로 취사해야 고슬고슬하게 지을 수 있어요.

1

2

3

4

5

6

'가지밥' 웜 샐러드

392kcal / 혈액청소

여름에 꼭 먹어야 하는 제철 채소 가지는 물컹한 식감 때문에 호불호가 갈리는 채소입니다. 구워서 따뜻한 샐러드를 해서 먹으면 가지의 매력이 확 살아난답니다. 《동의보감》에 따르면, 찬 성질이 있는 가지는 열독을 풀어주고 피를 맑게 하며, 부기를 완화하는 효과가 있다고 해요. 또 대표적인 성분인 안토시아닌이 혈액 내 콜레스테롤을 감소시켜 중성지방과 노폐물을 없애는 역할을 합니다. 또 비타민 C가 노화를 늦춰주고, 콜라겐 생성을 도와 피부까지 탱탱하게 만들어주니 안 먹으면 손해! 가지 열량은 100g당 17kcal로 수분량이 풍부해서, 적은 양을 섭취해도 포만감이 느껴지기 때문에 다이어트에도 훌륭한 식재료입니다. 또 생으로 먹는 것보다 기름과 함께 조리하면 영양소를 더 효율적으로 섭취할 수 있어요.

Day 2

난이도 Medium
소요 시간 20분

재료
- 가지 1개
- 샐러드 채소 50g
- 마늘 7톨
- 방울토마토 6개
- 양송이버섯 3개
- 양파 ¼개
- 애호박 ¼개
- 닭 가슴살 슬라이스 햄 ½팩
- 블랙 올리브 약간
- 현미밥 100g
- 소금 약간
- 후춧가루 약간
- 그라나 파다노 치즈 약간(선택)
- 올리브유 적당량

드레싱 재료
- 올리브유 2큰술
- 진간장 2큰술
- 물 2큰술
- 발사믹 식초 2큰술
- 참기름 1큰술
- 알룰로스 ½큰술
- 다진마늘 1큰술

① 모든 채소를 흐르는 물에 씻은 후 채반에 밭쳐 물기를 뺍니다.
② 가지는 꼭지를 자르고 껍질째 감자칼로 길게 슬라이스합니다.
　구울 때 쪼그라드니, 조금 두툼하게 잘라주세요. 칼로 썰어도 좋습니다.
③ 마늘은 반으로 자른 후 가지 단면에 문질러 향이 배게 해주세요.
④ 방울토마토는 반으로 자르고, 양송이버섯은 0.5㎝ 정도 두께로 썰어주세요.
⑤ 애호박은 잘게 다지고, 양파는 얇게 채 썰어주세요.
⑥ 분량의 재료로 드레싱을 만듭니다.
⑦ 팬에 올리브유를 두른 후 중간 불로 마늘을 굽다가 노릇해지면 가지를 넣고 살짝 구워주세요.
⑧ ❼에 소금, 후춧가루로 간한 후 팬에서 꺼내주세요.
⑨ 닭 가슴살 슬라이스 햄과 방울토마토, 양송이버섯, 애호박, 양파도 팬에 구워줍니다.
⑩ 구운 닭 가슴살 슬라이스 햄을 가지 두께 정도로 자른 후 가지 위에 올려 돌돌 말아 가지말이를 만들어주세요.
　버섯, 애호박, 양파를 안에 넣어 두툼하게 말아도 좋아요.
⑪ 그릇에 샐러드 채소를 가장 먼저 담은 후 가지말이와 볶은 채소를 함께 플레이팅합니다.
⑫ ⓫ 위에 블랙 올리브를 올리고 그라나 파다노 치즈를 갈아 뿌립니다.
⑬ 현미밥을 사이드에 올리고 드레싱을 부어 완성합니다.

👉 디톡스 포인트

안토시아닌이 노화를 막아주고 혈액 속 콜레스테롤 양을 줄여주는 역할을 하기 때문에 껍질째 먹는 게 좋습니다.

2

4

5

7

9

10

'닭 가슴살' 통밀 토르티아 샐러드

448kcal 에너지공급

토르티아는 정통 멕시코 요리로, 옥수수 가루 또는 밀가루 반죽을 얇게 구워낸 빵을 말해요. 이번 챕터에서는 통밀로 만든 토르티아를 활용해 간단하게 먹을 수 있는 닭 가슴살 통밀 토르티아를 만들어볼 거예요. 고소하고 쫄깃한 토르티아와 아삭아삭한 채소, 부드러운 닭 가슴살이 어우러져 다채로운 식감을 느낄 수 있는 메뉴입니다. 절반으로 잘라도 좋지만, 잘 드는 칼로 김밥처럼 썰면 조금 더 편하게 먹을 수 있어요.

난이도 Easy

소요 시간 20분

재료
- 통밀 토르티아 2장
- 닭 가슴살 숯불갈비맛 100g
- 청상추 3장
- 오이 ¼개
- 빨강·노랑 파프리카 각 ⅛개
- 적양배추 ⅙개
- 맛살 1개
- 슬라이스 치즈 1장
- 홀그레인 머스터드 1~2큰술

① 모든 채소를 흐르는 물에 깨끗이 씻은 후 채반에 받쳐 물기를 뺍니다.
② 오이, 파프리카는 길게 채 썰고 적양배추도 얇게 썰어줍니다.
③ 닭 가슴살은 프라이팬 또는 전자레인지에 조리한 후 먹기 좋은 크기로 길게 썰어줍니다.
   양념이 되어 있는 닭 가슴살을 고르면 토르티아를 더욱 맛있게 먹을 수 있어요.
④ 팬에 기름을 두르지 않고 토르티아를 중간 불에서 앞뒤로 노릇노릇 구워줍니다.
⑤ 랩을 바닥에 펴고 그 위에 구운 토르티아를 2개 이어주세요.
   겹치는 부위에 물을 살짝 바르면 좋아요.
⑥ 토르티아에 홀그레인 머스터드를 발라줍니다.
   취향에 맞게 다른 소스를 발라도 좋아요.
⑦ ❻ 위에 먼저 슬라이스 치즈를 올리고 그 위에 구운 닭 가슴살을 올려주세요.
⑧ 손질한 오이, 파프리카, 적양배추를 올리고 맛살도 찢어서 올립니다.
⑨ 청상추는 3개를 한꺼번에 돌돌 말아 ❽에 올려주세요.
⑩ 재료가 옆으로 삐져나오지 않게 ❾를 랩과 함께 잘 말아주세요.
⑪ 랩으로 양 끝을 잘 막아 먹기 좋은 크기로 썰어줍니다.
⑫ 랩을 제거하고 그릇에 담아 완성합니다.

디톡스 포인트

토르티아 위에 재료를 올릴 때, 말리지 않을 것 같을 정도로 많이 올려야 말았을 때 모양이 예쁘고 풍성해 보입니다. 재료를 풍성하게 올린다면 토르티아를 2개 겹친 후 물을 살짝 발라 연결해서 말면 더욱 쉽게 만들 수 있어요.

구운 '오리고기' 메밀 면 샐러드

781kcal 고단백

들기름과 매실청으로 만든 소스를 버무린 메밀 면에 노릇노릇 구운 오리고기를 올려 먹으면 절대 맛없을 수 없는 조합이 탄생합니다. 여기에 신선하고 아삭아삭한 채소를 곁들이면 더할 나위 없이 좋은 한 끼 샐러드가 됩니다. 오리고기는 단백질이 풍부하고 불포화지방산 함량이 높아 체내 독소 배출 및 신진대사 활성화에 도움을 줍니다. 또 다른 육류에 비해 해로운 기름이 적고, 비타민 A가 풍부해서 면역력 증진에도 매우 좋습니다. 이번 레시피에서는 고단백 오리고기와 메밀이 함유된 생면을 활용해서 메밀 면 샐러드를 만들어볼 거예요. 일반적인 메밀 면보다 칼로리와 탄수화물 함량은 낮고, 식이 섬유와 단백질 함량은 높은 식단 면을 활용해 다이어트할 때 부담스러운 면 요리를 가볍게 즐길 수 있는 레시피로 준비해봤어요. 참고로 들기름은 칼로리가 높은 편이니, 조절해서 넣어주세요.

Day 3

난이도 Medium

소요 시간 25분

재료
- 식단면 생면 100g
- 훈제 오리고기 100g
- 양파 ¼개
- 오이 ⅕개
- 방울토마토 3개
- 아보카도 ½개
- 깻잎 3장
- 샐러드 채소 30g
- 김 가루 약간
- 통깨 약간

드레싱 재료
- 들기름 3큰술
- 진간장 2큰술
- 매실액 2큰술
- 알룰로스 1큰술
- 다진 마늘 ½큰술

① 모든 채소를 흐르는 물에 씻은 후 채반에 받쳐 물기를 뺍니다.

② 끓는 물에 냉동 상태의 면을 넣고 살살 저어가며 2분 정도 삶습니다.
거품이 끓어오르면 중간 불로 낮추고, 종이컵 1컵 정도 찬물을 붓습니다.

③ 삶은 면은 찬물로 헹구고 채반에 받쳐 물기를 뺍니다.

④ 끓는 물에 훈제 오리고기를 살짝 데친 후 물기를 뺍니다.
시중에서 판매하는 훈제 오리고기는 간이 강하기 때문에 조리 전 끓는 물에 가볍게 데치면 좀 더 담백하고 건강하게 즐길 수 있어요.

⑤ 양파는 얇게 채 썰어 찬물에 담가 매운맛을 빼줍니다.

⑥ 오이는 껍질째 얇게 썰어놓습니다.

⑦ 방울토마토는 꼭지를 제거한 후 반으로 자릅니다.

⑧ 아보카도는 반으로 자른 후 씨를 제거하고 1cm 두께로 썰어놓습니다.

⑨ 깻잎은 돌돌 말아 얇게 썰어주세요.

⑩ 분량의 재료로 드레싱을 만들어 반만 사용해서 삶은 생면과 함께 조물조물 섞어주세요.
나머지 반은 플레이팅 후 샐러드 채소에 부어 먹습니다.

⑪ 프라이팬에 물기를 제거한 오리고기를 노릇노릇 굽습니다.

⑫ 그릇에 양념한 생면을 돌돌 말아 가운데에 올린 후, 김 가루와 통깨를 뿌립니다.

⑬ 생면을 중심으로 오리고기와 채소를 원을 그리며 가장자리에 올려 플레이팅합니다.

⑭ 채소에 남은 드레싱을 부어 먹습니다.

◆ 디톡스 포인트

메인 재료인 오리고기 대신 닭가슴살, 새우 등 다른 재료를 사용해도 좋아요. 채소는 냉장고에 있는 것을 활용해주세요.

프랑스식 '렌틸콩' 치킨 샐러드

414kcal 혈당DOWN

미국의 권위 있는 건강 잡지 <헬스>에서 세계 5대 건강 식품으로 선정한 렌틸콩은 우리나라 일반적인 콩보다 크기가 작고, 생김새는 녹두와 비슷해요. 단백질, 무기질, 비타민 등 영양소를 알차게 함유한 영양 덩어리랍니다. 인도인들은 종교적인 이유로 육류 섭취가 제한되어, 주로 콩으로 단백질을 섭취하는데, 건강식으로 많이 먹는 재료 중 하나가 바로 렌틸콩입니다. 인도인들은 매일 하루 두 번씩 렌틸콩을 수프나 커리로 만들어 밥이나 난과 함께 먹는다고 해요. 렌틸콩은 곡물 중 식이 섬유가 가장 풍부하다는 귀리보다 2배나 많은 식이 섬유를 함유해 변비나 장 문제가 있는 분들에게 더할 나위 없이 좋아요. 지방은 거의 포함되어 있지 않고, 식물성 단백질이 풍부하기 때문에 운동하는 분들이 저지방 고단백 식단으로 섭취할 수 있는 영양 식품입니다.

난이도 Easy

소요 시간 25분

재료
- 렌틸콩 50g
- 닭 가슴살(오리지널) 100g
- 통로메인 2개
- 방울토마토 5개
- 옥수수 & 올리브 3큰술
- 그라나 파다노 치즈 약간
- 소금 약간
- 후춧가루 약간
- 올리브유 적당량

드레싱 재료
- 마요네즈 4큰술
- 올리브유 1큰술
- 레몬즙 1큰술
- 알룰로스 1큰술
- 발사믹 식초 ½큰술
- 홀그레인 머스터드 ½큰술
- 후춧가루 약간

렌틸콩 양념 재료
- 올리브유 1큰술
- 발사믹 식초 1큰술
- 소금 약간
- 후춧가루 약간

① 냄비에 물을 넉넉히 담고 렌틸콩을 넣어 끓여주세요. 물이 끓기 시작한 후 5~10분간 삶습니다.
   렌틸콩은 다른 콩보다 작아서 금방 익어요.

② 삶은 렌틸콩은 체에 걸러 물기를 빼고, 올리브유, 발사믹 식초, 소금, 후춧가루를 뿌려 양념합니다.

③ 통로메인은 길게 반으로 썰어주세요.

④ 방울토마토는 큐브 모양으로 잘게 썰어줍니다.

⑤ 달군 프라이팬에 올리브유를 두른 후 닭 가슴살을 최대한 노릇노릇하게 굽습니다. 그런 다음 소금, 후춧가루로 간을 해주세요.

⑥ 닭 가슴살은 먹기 좋은 크기로 잘라줍니다.

⑦ 그릇에 통로메인을 담고 분량의 재료로 만든 드레싱을 부은 후 닭 가슴살, 방울토마토, 옥수수 & 올리브, 렌틸콩을 올린 다음 그라나 파다노 치즈를 뿌려 완성합니다.

디톡스 포인트

소화가 잘 안 되는 편이라면 조리 전 렌틸콩을 30분 정도 물에 불리면 좀 더 부드럽게 먹을 수 있어요.

1
2
3
4
5
6

'토마토' 푸실리 냉파스타 샐러드

407kcal / 성인병 예방

Day 4

유럽에는 '토마토가 빨갛게 익으면 의사 얼굴이 파랗게 된다'는 속담이 있습니다. 그만큼 토마토는 병원에 갈 필요가 없을 정도로 건강을 유지해주는 식품으로 알려져 있습니다. 토마토에는 라이코펜이 풍부해 혈중 콜레스테롤 수치를 낮추고 혈류 개선에 도움을 줘서 심근경색, 뇌졸중 등의 예방에 도움을 줍니다. 또 칼륨이 나트륨을 배출시키기 때문에 짜게 먹는다면 토마토를 같이 섭취하는 것이 좋습니다. 이번 챕터에서는 토마토와 푸실리 파스타를 이용해 여름철에 별미로 먹을 수 있는 냉파스타 샐러드를 소개해드릴게요. 맛도 영양도 좋지만, 플레이팅도 예뻐서 손님 대접용으로도 추천하는 요리입니다. 푸실리는 나사처럼 꼬불꼬불하게 생긴 파스타 면인데, 그 사이로 소스가 잘 배어들기 때문에 어떤 소스든 맛이 잘 살아납니다.

난이도 Medium

소요 시간 20분

재료
- 푸실리 파스타 80g
- 칵테일 새우 8마리
- 양파 ¼개
- 빨강·노랑 파프리카 각 ¼개
- 방울토마토 6개
- 오이 ¼개
- 옥수수 & 올리브 약간
- 소금 1큰술

드레싱 재료
- 올리브유 2큰술
- 진간장 2큰술
- 물 2큰술
- 발사믹 식초 2큰술
- 참기름 1큰술
- 알룰로스 ½큰술
- 다진 마늘 1큰술

① 파스타 끓일 물을 담은 냄비를 앉힙니다.
② 모든 채소를 깨끗한 물에 씻은 후 채반에 받쳐 물기를 뺍니다.
③ 끓는 물에 소금 1큰술을 넣고 푸실리 파스타를 약 8~9분간 삶습니다.
④ 파스타를 삶는 동안 분량의 재료로 드레싱을 만듭니다.
⑤ 양파는 얇게 채 썰어 찬물에 담가 매운맛을 뺍니다.
⑥ 파프리카는 잘게 썰고, 방울토마토는 4등분합니다.
⑦ 오이는 껍질째 동그랗게 썰어주세요.
⑧ 익은 파스타를 냄비에서 꺼내 찬물로 한번 헹군 후 채반에 받쳐 물기를 뺍니다.
⑨ 끓는 물에 칵테일 새우를 살짝 데칩니다.
⑩ 물기 뺀 파스타를 샐러드 그릇에 가장 먼저 담고, 새우와 나머지 채소를 올려주세요.
⑪ 물기 뺀 옥수수 & 올리브를 넣고 드레싱과 잘 버무립니다.

← 디톡스 포인트

다이어트식으로 조금 더 라이트하게 먹고 싶다면 통밀 푸실리를 활용해보세요.

3

5

6

7

8

9

' 파프리카' 소고기 곤약밥

384kcal 포만감UP

포만감을 주면서 눈까지 즐거운 식사를 원하는 분들에게 추천하는 레시피예요. 키위나 레몬보다 비타민 C가 풍부한 파프리카는 피로 해소, 피부 미용에 효과가 좋은 식재료죠. 이번 챕터에서는 파프리카를 그릇처럼 만들어 그 속에 다진 소고기, 채소를 넣고 볶은 소고기 볶음밥을 채울 거예요. 현미, 곤약, 키노아 등이 섞인 잡곡밥을 이용해 탄수화물과 칼로리는 최대한 낮추고, 식이 섬유와 단백질 함량을 높였어요. 그릇이 필요 없는 볶음밥이라 다이어트나 피크닉 도시락으로 준비하기 좋습니다.

Day 4

난이도 Medium

소요 시간 20분

재료
- 빨강·노랑 파프리카 각 1개
- 마늘 8톨
- 양파 ½개
- 다진 소고기 100g
- 굴소스 1큰술
- 곤약밥 1팩
- 슈레드 치즈 약간
- 소금 약간
- 후춧가루 약간
- 파슬리 가루 약간
- 올리브유 적당량

① 파프리카는 씻은 후 꼭지를 제거하고 속을 파내 그릇처럼 만들어주세요.

② 마늘과 양파는 잘게 다져주세요.

③ 프라이팬에 올리브유를 두르고 마늘과 양파를 볶습니다.

④ 노릇하게 익은 마늘과 양파를 잠시 그릇에 올려두고, 마늘 향이 밴 프라이팬에 다진 소고기를 넣어 익힙니다.

⑤ 소고기가 어느 정도 익으면 곤약밥과 마늘, 양파를 넣고 굴소스를 살짝 넣어 볶습니다.
취향에 맞게 소금, 후춧가루로 간을 맞춥니다.

⑥ 파프리카 그릇에 속 재료를 채워 넣은 후 치즈를 뿌려주세요.

⑦ 180℃ 오븐에서 30분간 익힙니다.
파프리카를 굽는 데 시간이 걸리므로 여유가 없다면 이 과정을 생략하고 생파프리카로 즐겨도 좋아요.

⑧ 다 익으면 파슬리 가루를 뿌려 마무리합니다.

🖐 디톡스 포인트

파프리카를 그릇으로 사용해 달걀찜도 만들어보세요. 달걀물을 파프리카 안에 80% 정도 채워 넣고 8분 정도 돌리면 완성되는 간단한 레시피예요.

타이 누들 '곤약 면' 샐러드

233kcal 저칼로리

다이어트를 하면 왜 이렇게 면 요리가 자꾸 생각날까요? 그럴 땐 밀가루 면 대신 곤약 면을 활용해보는 건 어떨까요? 이번 챕터에서는 곤약 면을 활용해 타이 샐러드 '얌운센'을 만들어볼 거예요. 시중의 얌운센은 보통 녹두 당면(버미셀리)을 사용하는데, 1인분(100g) 기준 약 370㎉로 고칼로리에 탄수화물 비중이 높아 다이어트 식단으로는 부담스럽죠. 반면 곤약은 97%가 물로 구성되어, 칼로리가 거의 없어 다이어트 식단에 활용하기 매우 좋아요. 곤약 면을 이국적인 태국 피시소스 베이스 소스와 잘 버무려 해산물, 채소와 함께 먹으면 풍성한 식감과 포만감을 누릴 수 있습니다. 곤약에도 두꺼운 것과 얇은 것이 있는데, 이번 레시피에서는 얇은 실곤약 면을 사용하세요.

Day 5

난이도 Medium

소요 시간 20분

재료
- 곤약 면 100g
- 칵테일 새우 6~7마리
- 다진 돼지고기 50g
- 방울토마토 5개
- 오이 ¼개
- 양파 ¼개
- 땅콩 10개
- 식초 1큰술
- 다진 고수 약간(선택)

드레싱 재료
- 피시소스 3큰술
- 스시라차소스 2큰술
- 레몬즙 1큰술
- 알룰로스 2큰술
- 다진 파 ½큰술
- 다진 마늘 ½큰술
- 홍고추 약간
- 청양고추 약간

① 끓는 물에 식초 1큰술을 넣고 곤약 면을 1분 정도 살짝 데칩니다.
② ❶을 찬물에 헹궈서 씻은 후 채반에 밭쳐 물기를 뺍니다.
③ 끓는 물에 새우를 살짝 데치고 체에 밭쳐 식힙니다.
④ 다진 돼지고기도 2~3분간 데치고 체에 밭쳐 식힙니다.
  너무 오래 익히면 고기가 질겨지니 주의하세요.
⑤ 방울토마토는 반으로 썰고, 양파와 오이는 먹기 좋은 크기로 자릅니다. 드레싱용 파, 마늘과 고추는 잘게 다집니다.
⑥ 땅콩은 칼로 잘게 썰거나 잘 빻아줍니다.
⑦ 분량의 재료로 드레싱을 만듭니다.
⑧ 볼에 방울토마토, 오이, 양파를 넣고 드레싱과 잘 섞어주세요.
⑨ 데친 새우, 돼지고기를 ❽에 넣고 마지막으로 면을 넣어 모든 재료와 잘 섞이게 버무립니다.
⑩ 그릇에 담고 땅콩 가루와 고수를 뿌려 마무리합니다.

디톡스 포인트

곤약은 토란과에 속하는 다년생 구약감자를 가공한 식품으로 글루코만난이 주성분이에요.

'양배추' 스테이크

283kcal 키토식

닭 가슴살이 아닌 양배추가 주인공이 되는 메뉴입니다. 탄수화물 함량은 낮지만, 버터와 치즈가 감칠맛을 내는 레시피로 지방 함량이 다소 높기 때문에 키토 다이어트(저탄고지 다이어트)를 하는 분들께 추천하고 싶은 레시피예요. 채소만으로는 허전할 것 같다면, 닭 가슴살이나 달걀을 곁들여 단백질 보충과 포만감까지 챙겨보세요.

Day 5

난이도 Easy

소요 시간 15분

재료
- 양배추 ⅙개
- 닭 가슴살(오리지널) 100g
- 방울토마토 3개
- 올리브유 약간
- 다진 마늘 2큰술
- 버터 10g
- 모차렐라 치즈 약간
- 파슬리 가루 약간(선택)
- 소금 약간
- 후춧가루 약간

① 양배추는 겉잎을 제거하고 먹을 만큼 잎을 떼서 물에 5분 정도 담갔다가 흐르는 물에 씻어줍니다.

② 양배추를 2㎝ 두께로 썰어둡니다.

③ 양배추의 모양이 흐트러지지 않게 이쑤시개를 꽂아 고정하세요.

④ 양배추 앞뒤로 올리브유와 소금, 후춧가루를 펴 바르세요.

⑤ 양배추를 프라이팬에 올려 중약불에서 앞뒤로 노릇노릇하게 6~7분간 굽습니다.
물을 살짝 넣고, 뚜껑을 닫아 찌듯이 하면 스팀 효과로 좀 더 촉촉해져요.

⑥ ❺에 버터와 다진 마늘을 넣습니다. 이때 사이드로 곁들일 닭 가슴살과 방울토마토도 함께 구워주세요.

⑦ 모차렐라 치즈를 위에 뿌린 후 뚜껑을 닫고 살짝 익힙니다.

⑧ ❼을 그릇에 담고 파슬리를 뿌려 완성합니다.

👉 디톡스 포인트

· 좀 더 가볍게 먹고 싶다면, 버터 대신 올리브유를 사용하고 치즈는 생략합니다.

· 양배추를 썰 때 심지를 포함해서 썰면 쉽게 모양을 잡을 수 있습니다.

5-day 프로그램 ❹

최대 체중 감량, 최소 근 손실

슬프게도 나이가 들수록 지방은 자연스레 늘어나지만, 근육은 20대 이후부터 본격적으로 감소해서 60대까지 약 40% 꾸준히 감소합니다. 그러므로 근력 운동은 나이가 먹을수록 선택이 아닌 필수입니다. 우리 몸은 다 연결되어 있기 때문에 혈관 계통이나 뼈와 관련된 질환은 대부분 근육의 퇴화가 원인인 경우가 많아요. 이번 프로그램에서 체지방은 줄이고, 근육량을 늘리는 운동과 함께 풍부한 단백질을 보충하는 식단으로 근 손실을 최소화해 보세요.

5일 미션

A 단백질 챙겨 먹기

음식을 제대로 챙겨 먹지 않으면 근육량이 증가하지 않아요. 아무리 운동을 해도 건강한 음식을 챙겨 먹지 않으면 효과가 없다는 의미입니다. 어렵게 느껴진다면, 매일 아침 삶은 달걀 먹는 것으로 시작해보세요. 직접 삶기 힘들다면, 시중의 단백질 보충제를 이용해보세요.

B 근력 운동

미국심장협회에 따르면, 주로 유산소운동을 기본으로 하고, 근력 운동은 최소 주 2회 할 것을 권장합니다. 근력 운동은 유산소운동과 병행하면 혈당 개선 효과가 매우 뛰어납니다. 근력 운동도 편식하지 말고, 상체와 하체 골고루 해주세요.

C 식사 30분 전후로 물 1컵 마시기

식사 중 먹는 물은 위산을 중화해 소화 기능을 떨어뜨릴 수 있지만, 식사 30분 전후로 마시는 물은 폭식을 방지해줍니다.

D 배달 음식 멀리하기

한 끼를 해결할 때 배달 음식은 너무나 달콤한 옵션이지만, 맛을 위해 당과 조미료가 많이 들어갈 수밖에 없어 다이어트에는 별 도움이 되지 않아요. 직접 요리를 해서 먹으면 내 몸에 들어가는 재료를 내가 컨트롤할 수 있으니, 최대한 조리해서 먹는 것을 추천합니다.

E 긍정적으로 말하고 행동하기

긍정적인 말과 습관이 모여서 잠재의식을 깨우고, 삶을 긍정적인 에너지로 가득 채워줍니다. 스트레스받으며 다이어트하지 말고, 나의 건강과 행복을 위해 긍정적인 마인드로 임해 보자고요!

※ 모든 동작은 기재된 시간 동안 자신의 페이스에 맞게 반복해서 진행합니다.

5일 추천 운동

※ 모든 동작은 2~3SET/가능하다면 하루 5개 동작 연속으로 도전해보기

1일차

스트레이트 레그 리프트 각 15초

엉덩이와 허벅지의 셀룰라이트를 제거해주는 동작

❶ 테이블 자세(P.039)에서 준비합니다.

❷ 왼쪽 다리를 뒤로 뻗어 위로 올렸다가 내립니다(엉덩이와 허벅지 사이를 조이는 느낌이 들 때까지 올립니다).

❸ 숨을 들이마시면서 다리를 바닥으로 내리고, 내쉬면서 위로 올려주세요(반대쪽도 동일하게 시행합니다).

※ 다리를 올릴 때 허리가 꺾이지 않게 등은 평평하게 유지합니다.
※ 골반이 틀어지지 않게 바닥과 수평을 유지합니다.

2일차

덩키킥 각 15초

처진 엉덩이를 동그랗고 탄력 있게 만들어주는 동작

❶ 테이블 자세에서 준비합니다. 왼쪽 다리를 뒤로 뻗고 무릎을 굽혀 수직으로 올렸다가 내립니다.

❷ 다리를 올릴 때 엉덩이가 수축되고, 척추 기립근이 쓰이며 튼튼해지는 느낌이 들어야 합니다.

❸ 반대쪽도 동일하게 시행합니다.

※ 다리를 들어 올릴 때 아랫배에 힘을 줘서 허리가 꺾이지 않게 유지합니다.
※ 골반이 불균형을 이루지 않게, 양 골반은 바닥과 수평을 유지합니다.

3일차

파이어 하이드런트 각 15초

엉덩이 옆쪽을 자극해 콜라병 몸매를 만들어주는 동작

❶ 테이블 자세(P.039)에서 준비합니다.

❷ 내쉬는 숨에 왼쪽 무릎을 바깥쪽으로 골반 높이까지 올렸다가 내리세요.

❸ 숨을 들이마시면서 내렸다가, 내쉬면서 올리세요. 반대쪽도 동일하게 시행합니다.

※ 처음부터 무리하지 말고 자극이 느껴지는 정도까지만 올리고 점점 강도를 높입니다.
※ 상체가 흔들리지 않게 고정하고 팔로 바닥을 밀어내듯 힘을 줍니다.

4일차

사이드 레그리프트 각 15초

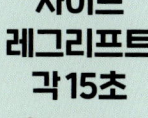

몸매 전체 라인이 예뻐지고 탄탄해지는 동작

❶ 손을 머리 밑에 받치고, 옆으로 누워주세요.

❷ 위에 있는 다리를 위로 올렸다가 내리면서 엉덩이 옆쪽을 자극합니다.

❸ 몸통이 흔들리지 않게 아랫배에 힘을 주며 동작을 반복합니다. 반대쪽도 동일하게 시행합니다.

※ 위에 있는 손은 골반 위에 올리거나, 바닥에 받쳐서 밸런스를 유지합니다.

5일차

슈퍼맨 30초

등살 제거 및 히프 업에 효과적인 동작

❶ 배와 이마를 바닥에 대고 누운 후 양손은 머리 위로 뻗습니다.

❷ 팔과 다리를 동시에 위로 올렸다가 내리는 동작을 반복합니다.

❸ 숨을 들이마시면서 아래로 내리고, 내쉬면서 위로 올립니다.

※ 힘들면 처음에는 팔이나 다리만 올리고, 추후 팔과 다리를 동시에 드는 것을 연습합니다.

Follow the 5-day Meal Prep
5일 밀 프렙 따라 하기

재료		드레싱 재료
✓ 두부 ½모	☐ 쪽파 약간	✓ 올리브유
☐ 현미밥 100g	☐ 부라타 치즈 약간(선택)	☐ 식초
☐ 달걀 6개	☐ 토마토소스(포미) 8큰술	☐ 스테비아
☐ 쪽파 약간(선택)	☐ 슈레드 페타 치즈(루시스) 약간(선택)	☐ 발사믹 식초
☐ 마늘 33톨	☐ 블랙 올리브 5개(선택) + 약간	☐ 참기름
☐ 양파 1개 반	☐ 식단 면 생면(단백질 제면소) 200g	☐ 오레가노
☐ 적양파 ½개	☐ 냉동 그린빈(마당발) 50g	☐ 꿀
☐ 방울토마토 30개	☐ 닭 가슴살(하림) 110g	☐ 레몬즙
☐ 바질 1줌	☐ 닭 다리살(하림) 150g	☐ 다진 마늘
☐ 병아리콩 ½컵(70g)	☐ 크래미 맛살(한성기업) 50g	☐ 통깨
☐ 오이 ½개	☐ 두부 면(풀무원) 100g	☐ 들기름
☐ 파프리카 1개	☐ 통밀 파스타(디첼라) 100g	☐ 알룰로스
☐ 구운 김(김밥용 김) 약 3장	☐ 참다랑어 속살(동원산업) 100g	☐ 굴소스
☐ 깻잎 5장	☐ 닭 가슴살 그릴 비엔나(교네) 50g	☐ 소금
☐ 당근 약 1개	☐ 한입사각 유부초밥(CJ씨푸드) 1세트	☐ 진간장
☐ 레몬 ½개(선택)		☐ 맛간장
☐ 오징어 100g		☐ 맛술
☐ 샐러드 채소 200g		☐ 청주
☐ 살치살 150g		☐ 후춧가루
☐ 양송이버섯 9개		☐ 페페론치노
☐ 표고버섯 ¼개		☐ 파르메산 치즈 가루(선택)
☐ 아보카도 ½개		
☐ 브로콜리 3송이		

'스크램블드에그' 맛살 유부초밥

503kcal 단백질UP

시중에서 쉽게 구할 수 있는 유부초밥 세트. 가격도 저렴하고 만들기도 정말 간편하지만 다이어트에는 별로 도움이 되지 않습니다. 그래서 디톡스하는 분들을 위해 좀 더 건강하고 라이트하게 먹을 수 있는 유부초밥 레시피를 준비했어요. 마트에서 파는 유부초밥의 단촛물은 당 함량이 너무 높기 때문에 직접 만들어 사용하고, 유부 안에는 두부와 현미밥을 섞어서 복합 탄수화물과 단백질로 건강하고 든든하게 채울 거예요. 탄수화물을 좀 더 제한하고 싶다면 현미밥을 빼고 두부만 넣어 만들면 됩니다. 저는 유부초밥에 근 손실을 최소화해줄 스크램블드에그와 크래미를 올렸는데, 각자의 취향대로 토핑을 올려도 좋습니다.

Day 1

난이도 Easy

소요 시간 15분

재료
- 시판 유부초밥 1세트
- 두부 ½모
- 현미밥 100g
- 달걀 2개
- 맛살 50g
- 쪽파 약간(선택)
- 소금 약간
- 후춧가루 약간
- 올리브유 약간

유부초밥 단촛물 재료
- 물 30㎖
- 식초 2큰술
- 스테비아 1큰술
- 소금 ⅓큰술

① 두부는 키친타월로 물기를 제거한 후 그릇에 담아 포크로 으깨줍니다.
② 볼에 달걀 2개를 넣고 소금, 후춧가루로 간한 후 잘 섞어줍니다.
③ 달군 프라이팬에 올리브유를 두른 후 ❷의 달걀물을 붓고 밑면이 살짝 익었을 때 젓가락으로 10초 정도 살살 저어 스크램블드에그를 만듭니다.
④ 맛살은 먹기 좋은 크기로 잘라주세요.
⑤ 분량의 재료로 단촛물을 만듭니다.
　모든 재료를 잘 섞어줍니다. 전자레인지에 살짝 돌린 후 식히면 좀 더 잘 녹습니다.
⑥ 볼에 현미밥과 으깬 두부를 1:1 비율로 넣고, 유부초밥 세트에 들어 있는 후리카케와 직접 만든 단촛물을 넣은 후 잘 섞어줍니다.
⑦ 유부 안에 ❻을 넣고 맛살, 스크램블드에그 순으로 토핑을 올려주세요.
⑧ 쪽파를 올려 플레이팅하면 완성!

☛ 디톡스 포인트

고슬고슬 맛있는 유부초밥을 완성하기 위해서는 조리하기 전 두부의 물기를 잘 제거하는 것이 중요합니다. 먼저 키친타월로 두부 겉면의 물기를 제거한 후, 잘게 으깨 전자레인지에 2분 정도 돌리면 좀 더 고슬고슬해져요.

'토마토' 두부 면 파스타 샐러드

392kcal 단백질UP

면을 좋아하는 다이어터에게 좋은 옵션이 될 수 있는 두부 면은 식물성 고단백 식품으로 100g 기준 단백질이 약 15g 함유되어 있어요(브랜드별 상이). 단백질 15g은 달걀 2개, 닭가슴살 70g에 함유된 단백질의 양으로, 성인 1인 권장 단백질의 약 30%를 두부 면 1팩을 통해 섭취할 수 있어요. 샐러드, 비빔면, 볶음면, 파스타 등 다양한 요리로 활용할 수 있기 때문에 다이어트 식단이 훨씬 다채로워지니 적극적으로 활용해보세요.

Day 1

난이도 Medium

소요 시간 20분

재료
- 두부 면 100g
- 토마토소스 8큰술
- 페페론치노 약간
- 마늘 8톨
- 양파 ½개
- 방울토마토 8개
- 바질 1줌
- 올리브유 적당량
- 소금 약간
- 후춧가루 약간
- 굴소스 1큰술
- 알룰로스 ½큰술
- 부라타 치즈 약간(선택)

① 모든 채소를 흐르는 물에 씻은 후 채반에 받쳐 물기를 제거합니다.
② 두부 면은 보존수를 버리고 물에 살짝 헹군 후 물기를 뺍니다.
③ 마늘, 양파는 잘게 다지고, 방울토마토는 꼭지를 제거한 후 반으로 자릅니다.
④ 팬에 올리브유를 두르고 마늘을 넣어 중약불에 볶다가 페페론치노를 넣습니다.
　타지 않게 주의하세요.
⑤ 다진 양파와 방울토마토도 넣고 볶습니다.
⑥ ❺에 토마토소스, 굴소스, 알룰로스, 소금, 후춧가루를 넣고 볶습니다.
⑦ 바질을 넣은 후 마지막에 ❷의 물기 뺀 두부 면을 넣고 볶습니다.
⑧ 재료와 면이 잘 섞이도록 저어줍니다.
⑨ 그릇에 ❽을 올리고 나머지 소스를 뿌립니다.
⑩ 부라타 치즈를 손으로 찢어서 올린 후 남은 바질로 장식합니다.

디톡스 포인트

시중에서 쉽게 구할 수 있는 토마토소스는 나트륨과 당류 등 첨가물을 넣은 경우가 많아요. 이러한 소스보다는 어떠한 첨가물 없이 오직 토마토로만 만든 소스를 사용하면 좀 더 건강하고 클린하게 식단을 구성할 수 있어요.

2　　　　　　3　　　　　　7

5　　　　　　6　　　　　　7

고소한 '병아리콩' 샐러드

231kcal 단백질UP

병아리콩 1컵에는 1일 권장 식이 섬유 섭취량의 ½, 하루 권장 단백질 섭취량의 ⅓이 함유되어 있어요. 생병아리콩 기준 100g에 들어 있는 단백질 양은 약 20.5g으로 같은 양의 소고기 단백질 함유량과 견줄 만큼 풍부하게 함유되어 있어요[소고기 부위별 단백질 함유량: 갈비(22g), 목살(17g), 앞다리살(21g)]. 또 달걀 100g에 들어 있는 단백질 양 13g보다 많아 콜레스테롤 때문에 달걀을 꺼리는 분들에게 훌륭한 단백질원이 될 수 있습니다. 또 병아리콩에 함유된 이소플라본이 지방이 몸에 쌓이는 것을 방지하고, 체지방을 태워 체중 감량에도 효과적입니다. 게다가 갱년기 여성에게 자주 발생하는 골다공증, 피부 노화 등 다양한 증상도 완화할 수 있습니다.

Day 2

난이도 Easy

소요 시간 15분

재료
- 병아리콩 ½컵(70g)
- 방울토마토 5개
- 오이 ¼개
- 적양파 ¼개
- 노랑 파프리카 ¼개
- 블랙 올리브 5개(선택)
- 페타 치즈 약간(선택)
- 소금 ½큰술

드레싱 재료
- 올리브유 3큰술
- 참기름 2큰술
- 오레가노 ½큰술
- 레몬즙 1큰술
- 다진 마늘 ½큰술
- 후춧가루 약간

① 병아리콩은 물에 비벼가며 2~3번 깨끗하게 씻은 후 물을 넉넉하게 담아 최소 반나절에서 10시간 불려줍니다.
  자는 동안 불려놓으면 다음 날 아침 편하게 삶을 수 있어요. 병아리콩은 불리고 삶는 시간이 오래 걸리기 때문에 한번 삶을 때 많은 양을 삶은 후, 냉동 보관해두고 나중에 실온에서 약 2시간 자연 해동해서 먹으면 됩니다.

② 충분히 불린 병아리콩을 냄비에 물과 소금 ½큰술을 넣고 삶습니다.
③ 물이 끓기 시작하면 하얀 거품을 걷어내고, 중간 불로 약 20분간 삶습니다.
④ 병아리콩을 삶는 동안 채소를 흐르는 물에 깨끗이 씻습니다.
⑤ 방울토마토는 꼭지를 따고 씨를 뺀 후 큐브 모양으로 썰어줍니다.
⑥ 오이는 길게 썰어 수분이 많은 씨를 제거한 후 큐브 모양으로 잘라줍니다.
⑦ 적양파는 잘게 다져주세요.
⑧ 파프리카는 큐브 모양으로 작게 썰어줍니다.
⑨ 삶은 병아리콩은 불을 끈 후 5분 정도 두었다가 찬물로 헹굽니다.
⑩ 물기를 제거한 병아리콩을 그릇에 담고, 준비해둔 채소를 옆에 플레이팅합니다.
⑪ 마지막으로 블랙 올리브와 페타 치즈를 뿌리고 분량의 재료로 만든 드레싱을 부어서 완성합니다.

디톡스 포인트

어떤 콩이든 섭취 시 핵심은 푹 익혀 먹는 것입니다. 그래야 소화가 잘 되고 배에 가스가 차지 않아요. 병아리콩은 최소 10시간은 물에 불린 후 삶아야 하기 때문에 요리하기 전날 밤에 불려두는 것이 좋습니다.

1

2

5

7

다이어트 버전 '들기름' 막국수

343 kcal / 단백질 UP

Day 2

다이어트로 식단을 조절할 때 면 요리는 정말 참기 힘든 메뉴 중 하나죠. 면이 먹고 싶은데, 탄수화물 때문에 부담스럽다면, 식단 면을 적극 활용해보세요. 1인분 100g당 탄수화물 22g 중 당류는 0g, 단백질은 36g으로 운동 후 단백질 보충 식단으로도 완벽한 메뉴예요. 이번 레시피에서는 고단백 식단 면을 활용해 들기름 막국수를 만들어볼 거예요. 이미 SNS상에서 간단하면서도 맛있기로 유명한 레시피이기도 합니다. 들기름은 오메가 3가 풍부해 염증을 억제하고 혈관을 정화해줄 뿐 아니라, DHA 성분을 함유해 두뇌 발달에도 도움을 줍니다.

난이도 Easy
소요 시간 20분

재료
- 식단 면 100g
- 구운 김 ½장
- 깻잎 5장
- 삶은 달걀 1개
- 쪽파 약간
- 통깨 2큰술

양념장 재료
- 들기름 3큰술
- 진간장 2큰술
- 알룰로스 2큰술

① 깻잎과 쪽파를 깨끗이 씻은 후 채반에 받쳐 물기를 뺍니다.
② 끓는 물에 냉동 상태의 면을 넣고 살살 저어가며 1분 30초간 삶습니다.
   거품이 끓어오르면 중간 불로 낮추고, 종이컵 1컵 정도 찬물을 부어줍니다.
③ 삶은 면은 찬물로 헹군 후 채반에 받쳐 물기를 뺍니다.
④ 삶은 달걀은 1㎝ 두께로 잘라줍니다.
⑤ 쪽파는 잘게 썰어주세요.
⑥ 깻잎은 꼭지를 제거한 후 돌돌 말아 뒤집어서 채 썰어줍니다.
⑦ 구운 김은 자르거나 부수고, 통깨는 으깹니다.
⑧ 분량의 재료로 양념장을 만듭니다.
⑨ 볼에 식단 면을 넣고 양념장을 뿌린 후 조물조물 섞어주세요.
⑩ 그릇에 양념한 면을 올리고 깻잎, 김 가루, 쪽파, 통깨 가루 순으로 올려주세요.
⑪ 삶은 달걀도 옆에 올린 후 남은 양념장을 부어서 완성합니다.

※ 들기름은 불포화지방산이 많아 산패되기 쉬우므로, 보관법에 유의하세요.
1) 뚜껑 꼭 닫기 2) 지방 산패를 막는 갈색 병에 보관 3) 서늘한 곳에 보관
- 냉장고가 아닌 서늘한 곳에 보관하는 것이 좋지만, 이미 냉장 보관했다면 사용하기 하루 전 실온에 놔둔 후 사용하세요.
- 들기름은 뚜껑 개봉 후 최대 4주 안에 소비해주세요. 참기름보다 산화가 잘되므로 작은 병으로 구매하는 걸 추천합니다.

디톡스 포인트
들기름은 감마리놀렌산을 함유해 꾸준히 섭취하면 체지방을 분해해 배출하고, 지방 축적을 방지하는 효과가 있어요.

단백질 폭탄 '오징어' 샐러드

253kcal 단백질UP

Day 3

다이어트 식단에 활용할 수 있는 단백질 식품으로 오징어를 추천하고 싶어요. 오징어는 쫄깃한 식감에 칼로리는 낮고 단백질 함량은 높아 다이어트할 때 먹기 좋은 식재료 중 하나랍니다. 오징어에 풍부하게 함유된 타우린 성분은 원기 회복 효과가 있는 아미노산의 일종이에요. 고강도 운동 후 오징어를 섭취하면 근육 성장은 물론 피로 해소까지, 일석이조 효과를 누릴 수 있어요. 콜레스테롤 수치가 높긴 하지만, 타우린이 체내에서 이를 낮추는 역할을 한다니, 과다 섭취하지 않는다면 크게 걱정하지 않아도 됩니다. 또 타우린은 오징어 껍질에 많이 함유되어 있으니, 제거하지 말고 통째로 먹는 것이 좋겠죠. 이번 챕터에서는 물 없이 오징어를 삶아 간편하게 먹을 수 있는 단백질 식단을 소개하겠습니다.

난이도 Easy

소요 시간 20분

재료
- 오징어 100g
- 양파 ¼개
- 샐러드 채소 50g
- 컬러 방울토마토 6~7개

드레싱 재료
- 올리브유 2큰술
- 발사믹 식초 2큰술
- 꿀 1큰술
- 레몬즙 1큰술
- 소금 약간
- 후춧가루 약간
- 통깨 약간

① 샐러드 채소는 찬물에 씻은 후 채반에 받쳐 물기를 뺍니다.
② 양파는 채 썰어서 물에 10분 정도 담가둡니다.
③ 방울토마토는 꼭지를 딴 후 반으로 잘라 준비해주세요.
④ 손질한 오징어를 팬에 올리고 중간 불로 약 2분간 찝니다.
⑤ 뒤집은 후 1분 정도 찝니다.
  물을 넣지 않아도 오징어에서 수분이 빠져나와 타지 않고 촉촉하게 잘 익습니다.
⑥ 뚜껑을 덮은 채 30초 정도 뜸 들입니다.
⑦ 삶은 오징어를 먹기 좋은 크기로 썰어줍니다.
⑧ 그릇에 샐러드 채소를 가장 먼저 담고, 양파와 방울토마토를 올립니다.
⑨ 오징어를 올린 후 분량의 재료로 만든 드레싱을 부어서 완성합니다.

디톡스 포인트

오징어는 조리 방법에 따라 영양소가 달라져요. 100g 기준으로 말린 것이 단백질 68g으로 생것 또는 구운 것의 3~4배 정도로 높지만, 칼로리와 나트륨 함량 또한 높다는 것이 단점이에요. 생것보다 삶거나 구운 것이 칼로리도 낮고 단백질도 잘 섭취할 수 있어요.

'살치살' 스테이크 샐러드

435kcal 단백질UP

살치살은 윗등심살 앞부분에 붙어 있는 삼각형 근육을 분리해 정형한 부위로, 근육 간 지방을 제거하고 마블링이 좋은 살코기만 분리해 소고기 부위 중 식감이 가장 좋고 육즙도 풍부해서 많은 이들에게 사랑받습니다. 100g당 222㎉로 칼로리가 높은 편이긴 하지만, 단백질이 많아 고강도 운동을 하거나 근육 성장에 초점을 맞추는 분들이 맛있게 한 끼 먹고 싶을 때 추천하는 식단입니다. 이번 챕터에서는 살치살 스테이크와 다양한 생채소, 구운 채소를 섭취할 수 있는 한 끼 샐러드를 소개할게요.

Day 3

난이도 Medium

소요 시간 30분

재료
- 살치살 150g
- 샐러드 채소 50g
- 마늘 8톨
- 파프리카 ¼개
- 양송이버섯 5개
- 당근 ⅙개
- 레몬 ¼개(선택)
- 소금 약간
- 후춧가루 약간
- 올리브유 적당량

드레싱 재료
- 올리브유 2큰술
- 발사믹 식초 2큰술
- 알룰로스 1큰술
- 레몬즙 1큰술
- 소금 약간
- 후춧가루 약간

✦ 디톡스 포인트

고기를 섭취할 때는 반드시 다양한 채소와 함께 먹는 것이 좋습니다. 서로 부족한 영양소를 채워주기 때문이죠. 채소에는 비타민과 무기질이 풍부해 체내에 쌓인 노폐물을 배출하는 데 도움을 줍니다.

① 모든 채소를 물로 깨끗이 씻은 후 먹기 좋은 크기로 잘라줍니다.

② 살치살 겉면 수분을 키친타월로 제거한 후 소금, 후춧가루로 간합니다.
고기 굽기 전에 겉면의 수분을 제거해야 '겉바속촉'으로 즐길 수 있어요.

③ 달군 프라이팬에 올리브유를 두르고 중간 불에서 살치살을 굽습니다.

④ 꼭지 딴 마늘을 ❸에 넣어 같이 굽습니다.
마늘과 고기 향이 서로 배면서 풍미가 훨씬 좋아집니다.

⑤ 약한 불로 줄인 후 뚜껑을 덮습니다.

⑥ 다 익은 고기를 꺼내 약 5~10분간 레스팅합니다.
레스팅(resting): 말 그대로 고기를 '휴식'시켜, 육즙을 고기 안에 가두는 것 레스팅을 해야 자를 때 육즙이 흘러나오지 않고, 온도가 균일하면서도 전체적으로 촉촉한 고기를 즐길 수 있어요.

⑦ 마늘도 꺼낸 후 고기와 마늘 향이 밴 팬 속 오일에 파프리카, 버섯, 당근을 굽습니다.

⑧ 물기를 제거한 샐러드 채소를 그릇에 담습니다.

⑨ 채소 위에 살치살을 올린 후 ❼의 구운 채소와 마늘을 올립니다.

⑩ 레몬을 얇게 잘라 장식합니다.

⑪ 샐러드에 분량의 재료로 만든 드레싱을 부어서 완성합니다.

'그린빈' 닭 가슴살 샐러드

250kcal / 혈관청소

그린빈(green bean)은 말 그대로 초록색 콩깍지가 씌워져 있는 초록색 콩입니다. 보통 콩깍지를 제거한 후 안에 있는 콩만 먹는데, 그린빈은 콩깍지째 그대로 요리해 먹는 것이 특징이죠. 아삭한 식감이 매력적인 그린빈은 단백질은 물론, 비타민, 미네랄, 엽산이 풍부하고, 특히 철분은 시금치의 2배나 함유해 임신부에게도 좋은 식품입니다. 또 전체 지방 중 70% 이상이 불포화지방산이라 콜레스테롤 수치를 낮추고 혈관을 깨끗하게 해줍니다. 섬유소가 풍부해 소량 먹어도 포만감을 주기 때문에 냉동 보관했다가 실온에서 해동한 후, 다이어트 샐러드에 수시로 넣어 먹으면 좋아요. 이번 챕터에서는 닭 가슴살의 다소 퍽퍽한 식감을 조금이나마 완화해줄 아삭아삭 식감 천재 그린빈으로 건강한 샐러드를 만들어볼 거예요. 그린빈을 볶으면 달콤한 맛이 살짝 더해져 샐러드가 더욱 맛있어집니다.

난이도 Easy

소요 시간 15분

재료
- 그린빈 50g
- 샐러드 채소 50g
- 닭 가슴살 110g
- 마늘 7톨
- 양파 ¼개
- 당근 ⅙개
- 빨강·노랑 파프리카 각 ¼개
- 양송이버섯 1개
- 블랙 올리브 약간
- 올리브유 약간

드레싱 재료
- 올리브유 2큰술
- 발사믹 식초 2큰술
- 알룰로스 1큰술
- 레몬즙 1큰술
- 소금 약간
- 후춧가루 약간
- 통깨 약간

① 모든 채소를 흐르는 물에 씻은 후 채반에 밭쳐 물기를 뺍니다.
② 그린빈은 냉동실에서 꺼내 물에 담가 해동합니다.
③ 그린빈이 말랑말랑해지면 물에서 꺼내 채반에 밭친 후 물기를 뺍니다.
④ 닭 가슴살은 먹기 좋은 크기로 잘라주세요.
⑤ 마늘은 꼭지를 제거한 후 편으로 썰고, 양파는 채 썰어줍니다.
⑥ 당근은 반달 모양으로 잘라줍니다.
⑦ 파프리카와 버섯은 먹기 좋은 크기로 잘라주세요.
⑧ 분량의 재료로 드레싱을 만듭니다.
⑨ 올리브유를 두른 프라이팬에 마늘과 양파를 넣고 중약불로 굽습니다.
⑩ 마늘과 양파가 어느 정도 익으면 당근, 파프리카, 버섯, 그린빈을 넣고 함께 볶습니다.
⑪ 채소를 잠시 그릇에 꺼내둔 후 올리브유를 두른 프라이팬에 중간 불로 닭 가슴살을 굽습니다.

이때 드레싱의 절반 정도를 부어 취향껏 미리 간을 해도 좋아요.

⑫ 그릇에 샐러드 채소를 가장 먼저 담고 구운 닭 가슴살과 채소를 올립니다.
⑬ 블랙 올리브를 뿌린 후 남은 드레싱을 부어서 완성합니다.

디톡스 포인트

· 그린빈은 끓는 물에 1~2분 정도 데쳐 깍지째 먹어도 고소합니다. 데칠 때 소금을 조금 넣으면 초록색이 더 짙어져요.

· 그린빈은 껍질째 먹기 때문에 고를 때 껍질을 잘 살펴야 해요. 껍질 색깔이 선명한 초록색인지, 줄기와 밑동이 시들지 않았는지, 너무 뻣뻣하지는 않은지 확인합니다.

2

4

5

7

10

11

'닭 다리살' 스테이크 샐러드

321kcal
저칼로리

다른 고기에 비해 단백질이 풍부하고, 지방과 칼로리가 낮아 다이어트할 때 자주 찾게 되는 닭 가슴살. 하지만 살코기의 퍽퍽한 식감 때문에 먹기 힘들다는 단점이 있죠. 식단을 하면서 닭 가슴살에 질렸다면, 쫄깃쫄깃한 닭 다리살을 활용해보세요. 닭 다리살은 닭 가슴살과 열량은 큰 차이가 없지만(100g 기준, 닭 가슴살: 114㎉, 닭다리살: 156㎉) 조리 방식에 따라 칼로리가 높아질 수 있어요. 오븐에 굽거나 삶아서 기름을 쫙 뺀 닭 다리살은 상대적으로 칼로리가 낮지만, 튀기거나 양념을 많이 첨가하면 칼로리가 높아집니다. 열량 중 70%가 단백질로 구성되어, 굽거나 삶은 닭 다리살은 닭 가슴살 대신 먹기에 좋아요.

난이도 Medium

소요 시간 30분

재료
- 닭다리살 150g
- 샐러드 채소 50g
- 방울토마토 5개
- 적양파 ¼개
- 레몬 ¼개(선택)
- 올리브유 약간

드레싱 재료
- 올리브유 1큰술
- 참기름 1큰술
- 발사믹 식초 1큰술
- 소금 약간
- 후춧가루 약간

양념장 재료
- 진간장 3큰술
- 맛간장 1큰술
- 맛술 2큰술
- 꿀 1큰술
- 청주 1큰술(선택)
- 다진 마늘 ½큰술
- 후춧가루 약간

디톡스 포인트
체중 감량을 위한다면 지방이 많은 껍질은 제거하는 것을 권합니다.

① 모든 채소를 흐르는 물에 씻은 후 채반에 밭쳐 물기를 뺍니다.
② 닭 다리살은 흐르는 물에 깨끗이 씻고, 불필요한 지방은 제거합니다.
③ 방울토마토는 꼭지를 제거한 후 반으로 잘라주세요.
④ 적양파는 얇게 썰어서 찬물에 담가 매운맛을 뺍니다.
⑤ 닭 다리살은 팬에 올리기 전 물기를 키친타월로 제거하세요.
⑥ 팬에 올리브유를 약간 두른 후 닭 다리살 껍질이 바닥에 오게 해서 중간 불로 굽다가 약한 불로 줄입니다.
⑦ 분량의 재료로 만든 양념장을 고기 위에 뿌린 후 노릇노릇해질 때까지 굽습니다.
⑧ 샐러드 채소와 방울토마토를 그릇에 먼저 담고 구운 닭 다리살을 올립니다.
⑨ 동그랗게 얇게 썬 레몬과 적양파를 올립니다.
⑩ 분량의 재료로 만든 드레싱을 부어 완성합니다.

다이어트 '식단 면' 후토마키

557kcal 단백질UP

'후토마키'는 커다랗다는 뜻의 '후토'와 돌돌 말다라는 뜻의 '마키'를 합친 말로, 신선한 회와 다양한 재료를 가득 넣고 크게 말아낸 일본 요리를 뜻해요. 이번 챕터에서는 신선한 생선회와 다양한 채소, 그리고 단백질 폭탄 식단 면을 넣어 입안 가득 다양한 식감을 느낄 수 있는 다이어트 후토마키 레시피를 소개해드리려고 해요. 후토마키는 입안에 가득 차는 식감이 포인트이므로, 잘라 먹지 않고 한입에 통째로 먹어야 재료의 조합과 특유의 볼륨감을 만끽할 수 있어요.

Day 5

난이도 Medium

소요 시간 30분

재료
- 식단 면 100g
- 김밥용 김 2장
- 참치회 100g
- 달걀 3개
- 당근 ¼개
- 오이 ¼개
- 표고버섯 ¼개
- 아보카도 ½개
- 소금 약간
- 올리브유 적당량

① 끓는 물에 냉동 상태의 식단 면을 넣고, 살살 저어가며 1분 30초 삶아요.
거품이 끓어오르면 중간 불로 낮추고, 종이컵 1컵 정도 찬물을 부어줍니다.

② 삶은 면은 찬물로 헹구고, 채반에 밭쳐 물기를 제거합니다.

③ 모든 채소를 씻어서 채반에 밭쳐 물기를 뺍니다.

④ 참치회는 1cm 두께로 두툼하게 썰어주세요.

⑤ 당근과 오이는 채 썰어줍니다.

⑥ 표고버섯과 아보카도는 0.5cm 정도 굵기로 길게 잘라줍니다.

⑦ 달걀로 두툼하게 달걀말이를 만듭니다.

⑧ 팬에 올리브유를 둘러 채 썬 당근과 버섯을 살짝 볶은 후 소금으로 간합니다.

⑨ 김밥용 김을 준비하고 끝부분에 물을 묻혀 김을 연결합니다.

⑩ 물기를 뺀 식단 면을 김 위에 얇게 올려 고르게 펴줍니다.

⑪ 준비한 재료를 올려주세요.
순서는 크게 상관없으니, 자르기 쉽게 올려주세요.

⑫ 김밥 말듯이 말고, 먹기 좋은 크기로 썰어줍니다.
후토마키가 너무 커서 말기 어렵다면, 랩으로 말아서 고정한 후 썰어주세요.

⑬ 접시에 예쁘게 플레이팅합니다.

디톡스 포인트

일반적인 후토마키에 들어가는 밥은 단백질이 풍부한 식단 면으로 대체하고, 칼로리가 높은 새우 튀김은 다른 재료로 대체했어요. 열량을 최대한 줄이고, 단백질 함량을 높인 다이어트 버전의 후토마키 레시피입니다. 속 재료는 레시피와 동일하게 하지 않아도 되니 냉장고에 있는 식재료를 최대한 활용해주세요.

닭 가슴살 브로콜리 '통밀' 파스타

531 kcal / 단백질 UP

닭 가슴살은 닭고기 부위 중 단백질 함량이 가장 높지만 지방이 적어 식감이 퍽퍽하다는 단점이 있어요. 냉장 닭 가슴살을 구매해서 조리하는 게 가장 좋긴 하지만, 시간 여유가 없다면 닭 가슴살을 간편하게 조리해 먹을 수 있는 일회용 팩을 권합니다. 한입 사이즈로 나온 닭 가슴살 소시지와 컬러 채소를 넣어 한 끼 따뜻하게 먹을 수 있는 든든한 오일 파스타 레시피를 소개합니다.

Day 5

난이도 Medium

소요 시간 20분

재료
- 닭 가슴살 비엔나소시지 50g
- 통밀 파스타 면 100g
- 마늘 10톨
- 양파 ¼개
- 양송이버섯 3개
- 브로콜리 3송이
- 방울토마토 5개
- 페페론치노 약간
- 소금 적당량
- 후춧가루 약간
- 파르메산 치즈 가루 약간(선택)
- 올리브유 적당량

① 파스타 끓일 물을 냄비에 부어 앉습니다.
② 모든 채소를 깨끗한 물에 씻은 후 채반에 받쳐 물기를 뺍니다.
③ 끓는 물에 소금 1큰술을 넣고 통밀 파스타를 넣습니다.
④ 파스타를 삶는 동안 채소를 다듬습니다.
⑤ 마늘은 꼭지를 제거한 후 편으로 썰고, 양파는 채 썰어둡니다.
⑥ 양송이버섯은 적당한 두께로 채 썰고, 브로콜리도 송이송이 먹기 좋게 자릅니다.
⑦ 방울토마토는 꼭지를 제거하고 반으로 자릅니다.
⑧ 닭 가슴살 소시지는 골고루 익을 수 있게 칼집을 냅니다.
⑨ 파스타 면은 한 가닥 꺼내 익었는지 확인한 후 채반에 받쳐 물기를 뺍니다.
  이때 면수 3큰술 정도 남겨두세요.
⑩ 팬에 올리브유를 넉넉히 두르고 중간 불에 마늘을 볶다가 페페론치노를 넣습니다.
⑪ 마늘이 노릇노릇해지면 양파를 추가해서 볶다가 닭 가슴살 소시지를 넣고 앞뒤로 볶습니다.
⑫ 양송이버섯, 브로콜리, 방울토마토를 넣고 함께 볶습니다.
⑬ 파스타 면과 남겨둔 면수 3큰술을 넣고 같이 볶습니다.
⑭ 부족한 간은 소금, 후춧가루 또는 파르메산 치즈 가루로 보충합니다.
⑮ 그릇에 담아서 완성합니다.

디톡스 포인트

파스타 면을 고를 때 밀가루로 만든 일반 파스타 면이 아닌, 통밀로 만든 것을 선택해보세요. 통밀 면은 식이섬유가 많고, 탄수화물 흡수율이 낮아 다이어트에 활용하면 좋은 식재료예요.

1

5

6

7-8

11

13

5-day 프로그램 ❺

면역력 UP! 일상 활력 식단

평소 잘못된 자세 때문에 틀어진 체형은 통증을 유발합니다. 체내 독소를 빼주는 디톡스 건강 식단과 함께 평소 자세를 바로 하고 운동하는 습관을 들이면, 몸은 노력하는 만큼 변화합니다. 평소 앉거나 서서 같은 자세를 오래 유지해야 한다면, 중간에 1분이라도 주변을 걷거나 스트레칭을 수시로 해 자세가 틀어지거나 혈액순환이 저하되는 것을 막아보세요. 더불어 면역력을 높이는 5일 미션과 운동을 통해 좋지 않은 습관을 리셋하세요.

5일 미션

A 매일 아침 식사하기
아침 식사를 하면 음식을 소화하면서 자는 동안 잠시 떨어졌던 체온이 올라가고, 장기가 제 기능을 하면서 면역력이 저하되는 것을 방지해줍니다. 또 아침을 조금이라도 챙겨 먹으면 점심, 저녁에 과식할 가능성이 낮답니다.

B 충분한 수면
'잠은 보약'이란 말 많이 들어보셨죠? 잠을 자는 동안 우리 몸은 세포 재생, 피로 해소 등을 통해 면역력을 높이는 작업을 합니다. 규칙적인 수면 시간과 패턴으로 숙면을 취하면 몸과 마음의 피로가 훨씬 줄어들고 컨디션이 놀랍게 좋아집니다.

C 충분한 수분 섭취
성인은 물을 하루 250㎖짜리 컵으로 8잔(총 2ℓ) 마시면 뇌 기능이 30% 향상된다고 해요. 물을 영양소라 생각하고 수시로 드세요.

D 당 많은 음식 최대한 피하기
당이 많거나 기름진 음식을 자주 먹으면 면역력이 저하될 수 있어요. 식이 섬유가 풍부한 채소를 많이 먹고, 몸에 좋은 불포화지방산이 많은 등 푸른 생선, 견과류 등을 섭취하면 면역력이 향상됩니다.

E 채소 챙겨 먹기
채소는 의식적으로 챙겨 먹지 않으면 하루 필요한 섬유소 양이 부족할 수 있어요. 천연 식욕 억제제인 채소는 식후 혈당을 떨어뜨리고, 장내 환경을 개선해서 다이어트와 노화 방지에 도움을 주니, 매 끼니 잘 챙겨 먹어야겠죠?

5일 추천 운동

※ 모든 동작은 기재된 시간 동안 자신의 페이스에 맞게 반복해서 진행합니다.

※ 모든 동작은 2~3SET / 가능하다면 하루 5개 동작 연속으로 도전해보기

1일차

앉아서 뒤꿈치 올렸다 내리기 총 10회

종아리 근육 강화 및 혈액순환을 원활하게 하는 동작

❶ 의자에 앉아 있을 때 무릎을 세워 발 앞부분이 바닥에 닿게 합니다.
❷ 뒤꿈치를 최대한 위로 올렸다 내립니다(5초 유지).

※ 아래 복부에 힘을 주고, 등이 굽지 않게 해주세요.

2일차

앉아서 한쪽 다리 위로 올렸다 내리기 총 10회

복근과 허벅지 근육을 강화하는 동작

❶ 의자에 앉아 있을 때 무릎을 굽힙니다.
❷ 다리를 한쪽씩 위로 올렸다가 내리는 동작을 반복합니다(5초 유지).
❸ 동작에 익숙해지면, 두 다리를 동시에 올렸다 내립니다.

※ 양손으로 의자 옆을 잡고 중심을 잡아주세요.

3일차

싱글 레그 킥백 각 10회

힙즈 업과 동시에 다리 라인이 예뻐지는 동작

❶ 서 있는 상태에서 한쪽 다리로 균형을 잡고, 다른 쪽 다리를 사선 대각선으로 위로 올립니다.
❷ 위로 올렸다 내리며 엉덩이를 자극합니다(양쪽 각 10회 진행).

※ 처음부터 무리하지 말고 자극이 느껴지는 정도까지만 올리고 점점 강도를 높입니다.
※ 중심을 잡기 힘들다면 의자나 벽을 잡고 시행합니다.

4일차

스쿼트 총 15회

몸 전체 근육 생성 및 뒤태를 예쁘게 만들어주는 동작

❶ 양손을 가슴 앞에서 깍지 끼고, 양발은 골반 2배 너비, 대각선 방향으로 벌립니다.
❷ 상체를 세운 채 무릎을 그대로 굽혔다가 펴는 동작을 반복합니다(15회).

※ 무릎을 굽힐 때 양 무릎이 발끝보다 더 나가지 않도록 합니다.
※ 엉덩이가 뒤로 너무 빠지지 않게, 꼬리뼈를 안쪽으로 살짝 말아줍니다.

5일차

브리지 총 15회

코어 근육 안정화 및 허리를 강화하는 동작

❶ 누운 상태에서 양손을 골반 옆에 편하게 두고, 턱은 너무 위로 솟지 않게 쇄골 쪽으로 약간 당깁니다.
❷ 양발 전체로 바닥을 누르면서 골반을 위로 끌어올렸다가 내립니다.

※ 골반을 위로 올렸을 때 가슴, 골반, 무릎이 일직선이 되게 하고, 괄약근도 조입니다.
※ 동작할 때 허벅지가 아플 경우 발을 무릎보다 앞쪽으로 이동하면 엉덩이 개입도를 보다 높일 수 있어요.

Follow the 5-day Meal Prep
5일 밀 프렙 따라 하기

재료

- ✅ 연근 ⅓개
- ⬜ 당근 약 1개
- ⬜ 고구마 ⅓개
- ⬜ 비트 ½개
- ⬜ 단호박 1통 반
- ⬜ 가지 1개
- ⬜ 애호박 1개
- ⬜ 토마토 1개
- ⬜ 방울토마토 24개
- ⬜ 어린잎 채소 약 3팩
- ⬜ 샐러드 채소 200g
- ⬜ 소고기 부챗살 100g
- ⬜ 청경채 2개
- ⬜ 양송이버섯 3개
- ⬜ 느타리버섯 ½팩
- ⬜ 팽이버섯 ½팩
- ⬜ 새송이버섯 2개
- ⬜ 두부 ½모
- ⬜ 대파 1단
- ⬜ 마늘 40톨
- ⬜ 돼지고기 목살 100g
- ⬜ 적양파 ½개
- ⬜ 손질한 자숙 문어 130g
- ⬜ 양파 1+¼개
- ⬜ 오이 ¼개
- ⬜ 달걀 1개

- ⬜ 아보카도 ½개
- ⬜ 블루베리 35개
- ⬜ 딸기 8개
- ⬜ 호두 약간
- ⬜ 소고기 안심살 100g
- ⬜ 빨강·노랑 파프리카 각 약 ½개
- ⬜ 불고기용 소고기 250g
- ⬜ 블랙 올리브 약간
- ⬜ 버터(이즈니) 1개(선택)
- ⬜ 옥수수 & 올리브(봉쥬엘) 3큰술
- ⬜ 크랜베리 리코타 치즈(상하치즈) 30g
- ⬜ 1등급 훈제오리(다향) 100g
- ⬜ 모차렐라 슈레드 치즈(매일 상하치즈) 약간
- ⬜ 토마토소스(폰미) 200g
- ⬜ 통밀 그대로빵(아르토스베이커리) 2개

드레싱 재료

- ✅ 올리브유
- ⬜ 발사믹 식초
- ⬜ 참기름
- ⬜ 화이트 비니거
- ⬜ 파슬리 가루(선택)
- ⬜ 꿀
- ⬜ 레몬즙
- ⬜ 다진 마늘
- ⬜ 페페론치노
- ⬜ 통깨
- ⬜ 들깨 가루
- ⬜ 알룰로스
- ⬜ 진간장
- ⬜ 소금
- ⬜ 맛술
- ⬜ 후춧가루
- ⬜ 매실액
- ⬜ 무설탕 플레인 요거트
- ⬜ 마요네즈(잇츠베러)
- ⬜ 식초
- ⬜ 된장

'뿌리채소' 그린 샐러드

228kcal 영양UP

예로부터 뿌리채소는 '땅속의 보약'이라고 불릴 정도로 영양소가 풍부한 채소입니다. 겨울의 차갑고 억센 땅을 뚫고 자라는 뿌리채소는 열악한 환경에서 자신을 지키기 위한 양분을 뿌리에 가득 품고 있어요. 제6의 영양소라고 불리는 식이 섬유가 풍부할 뿐만 아니라, 피토케미컬 성분이 면역력 증진에도 도움을 줍니다. 그뿐 아니라 몸을 따뜻하게 해주고, 추운 겨울 감기와 여러 질병으로부터 몸을 보호하기 때문에 겨울에 챙겨 먹으면 좋습니다. 이번 챕터에서는 당근, 고구마, 연근, 단호박 등 대표적인 뿌리채소를 이용해 자극적인 맛에서 벗어나 자연의 맛을 그대로 느낄 수 있는 건강한 웜 샐러드를 만들어볼 거예요.

Day 1

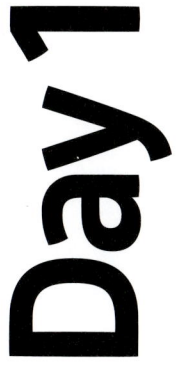

난이도 Easy

소요 시간 25분

재료(2인분)
- 연근 ⅓개
- 당근 ⅓개
- 고구마 ⅓개
- 비트 ½개
- 단호박 ¼통
- 방울토마토 7개
- 어린잎 채소 1줌
- 식초 1큰술
- 올리브유 적당량
- 소금 약간
- 후춧가루 약간
- 꿀 약간

드레싱 재료
- 올리브유 2큰술
- 진간장 1큰술
- 발사믹 식초 1큰술
- 꿀 ½큰술
- 레몬즙 ½큰술
- 다진마늘 1큰술
- 소금 약간
- 후춧가루 약간

① 모든 채소를 흐르는 물에 씻은 후 채반에 받쳐 물기를 뺍니다.

② 연근은 양 끝을 잘라낸 후 필러로 껍질을 벗기고 0.5cm 두께로 썰어주세요.

③ 식초 1큰술을 넣은 찬물에 연근을 5~10분간 담갔다가 빼서 물기를 제거합니다.
연근을 식초물에 담가두면 변색을 막을 수 있어요.

④ 당근, 고구마, 비트는 먹기 좋은 크기로 자르고, 단호박은 반달 모양으로 잘라줍니다.

⑤ 방울토마토는 꼭지를 제거한 후 반으로 잘라주세요.

⑥ ④와 ⑤의 손질한 채소와 연근을 볼에 넣은 후 올리브유, 꿀, 소금, 후춧가루로 간해서 버무려주세요.

⑦ 오븐용 그릇에 ⑥을 올린 후, 200℃로 예열한 오븐에 15분간 굽습니다.
중간에 한번 뒤집어주고, 안 익었다면 더 구워줍니다.

⑧ 그릇에 어린잎 채소를 담고 구운 채소를 올린 후 분량의 재료로 만든 드레싱을 뿌려 마무리합니다.

📌 디톡스 포인트

푹 익히지 않아 뿌리채소의 사각사각한 식감과 고소한 맛을 즐길 수 있는 따뜻한 샐러드입니다. 조리법은 매우 간단하지만 맛과 영양이 여느 요리 못지않으니, 샐러드 채소와 함께 곁들이면 손님용으로도 좋고, 가벼운 식사로도 손색없습니다.

Day 1

'청경채' 부챗살 두부 샐러드

455kcal 저칼로리

저렴하고 맛도 영양도 풍부한 청경채는 쌈이나 샐러드 등 다양한 요리에 활용됩니다. 비타민 C가 풍부해서 감기 예방, 피로 해소에 좋을 뿐 아니라, 베타카로틴이 체내에서 비타민 A로 바뀌면서 눈, 피부뿐 아니라 호흡기에도 좋은 효과를 발휘합니다. 100g당 9㎉의 저칼로리 식재료로, 강도 높은 운동으로 인한 근육 경련 등을 방지하니, 운동 후 섭취해도 부담 없는 다이어트 건강 식품입니다. 아삭한 청경채는 무엇과 어떻게 조리하느냐에 따라 맛과 영양이 달라집니다. 특히 단백질과 함께 섭취하면 뼈 건강을 지켜주는 칼슘 흡수율이 높아져요. 이번 챕터에서는 단백질 덩어리인 소고기와 두부를 청경채와 함께 볶아, 면역력을 지켜주는 한 끼 따뜻한 샐러드를 만들어볼 거예요. 굴소스 대신 매실액과 간장을 이용해 저칼로리로 만들어볼게요.

난이도 Medium

소요 시간 30분

재료
- 소고기 부챗살 100g
- 청경채 2개
- 두부 ¼모
- 대파 ½단
- 마늘 7톨
- 양송이버섯 3개
- 소금 약간(선택)
- 후춧가루 약간(선택)
- 통깨 약간(선택)
- 올리브유 적당량

양념장 재료
- 진간장 2큰술
- 물 2큰술
- 매실액 2큰술
- 다진 마늘 1큰술
- 참기름 1큰술

① 청경채는 뿌리를 위로 가게 해서 물에 담근 후 흔들어서 씻어줍니다.
② 두부는 키친타월로 물기를 제거해주세요.
③ 파와 마늘은 다집니다.
④ 분량의 재료로 양념장을 만들어주세요.
⑤ 두부를 먹기 좋은 크기로 사각 썰기 한 후, 기름을 두르지 않은 팬에 노릇노릇 구워 준비합니다.
⑥ 두부를 그릇에 따로 담아두고, 올리브유를 두른 프라이팬에 다진 파와 마늘을 넣고 볶아주세요.
⑦ 어느 정도 익으면 소고기와 버섯, 양념장을 넣고 함께 볶다가 마지막에 청경채와 두부를 넣고 살짝 볶습니다.
청경채는 숨이 죽을 정도로 살짝만 볶아 아삭한 식감을 살려주세요.
⑧ 부족한 간은 소금과 후춧가루로 보충해주세요.
⑨ 그릇에 소고기와 채소, 두부를 올리고 통깨를 뿌려 완성합니다.

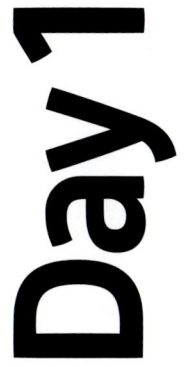

디톡스 포인트

면역력을 증진하는 영양소인 베타카로틴을 함유한 채소(당근·양배추·청경채 등)는 기름과 함께 볶아 먹으면 영양소를 더더욱 효율적으로 섭취할 수 있어요.

2

3

4

5

7

'자숙 문어' 샐러드

218kcal / 체력증진

타우린이 풍부한 문어는 기운을 북돋아주고, 피로 해소에 도움을 주는 대표적인 고영양 식재료예요. 비타민 B가 신진대사를 촉진해 피부와 점막, 머리카락, 손톱 등 세포를 재생하고 망막에 영양을 공급해 눈 건강을 개선하는 데도 좋은 효과를 발휘합니다. 또 체내 노화를 불러오는 활성산소를 제거할 뿐 아니라, 단백질 합성과 뼈의 발육을 촉진해 성장기 어린이에게도 필요한 식품입니다. 자숙 문어는 일반적으로 초고추장과 곁들여 숙회나 해물탕으로 먹지만, 잘게 잘라 다양한 채소와 함께 샐러드로 먹어도 별미예요. 원기 회복이 필요할 때 자숙 문어를 이용해 간단한 한 끼 샐러드를 만들어보세요.

난이도 Easy

소요 시간 15분

재료
- 손질한 자숙 문어 130g
- 적양파 ¼개
- 방울토마토 7개
- 오이 ¼개
- 샐러드 채소 50g

드레싱 재료
- 올리브유 2큰술
- 발사믹 식초 1큰술
- 매실액 1큰술
- 다진 마늘 ½큰술
- 소금 약간
- 후춧가루 약간

① 모든 채소를 흐르는 물에 씻은 후 채반에 밭쳐 물기를 뺍니다.
② 양파는 다져서 찬물에 담가둡니다.
③ 손질한 자숙 문어를 어슷썰기 한 후 반으로 한번 더 잘라줍니다.
④ 토마토와 오이는 껍질째 큐브 모양으로 썰어주세요.
⑤ 분량의 재료로 드레싱을 만듭니다.
⑥ 볼에 자숙 문어와 물기를 제거한 다진 양파를 넣고 드레싱을 넣어 섞습니다.
⑦ 그릇에 샐러드 채소를 가장 먼저 올립니다.
⑧ 드레싱에 버무린 양파와 자숙 문어를 샐러드 채소에 올린 후, 토마토와 오이를 올립니다.

👉 디톡스 포인트

자숙 문어란 활문어를 손질해 부드럽게 삶은 문어를 뜻합니다. 생문어를 사서 먹는 것보다 조리 시간을 훨씬 더 단축할 수 있고, 간편하게 영양식을 챙길 수 있어요. 오래 삶으면 질겨지기 때문에 끓는 물에 1~2분 정도 살짝 데치거나, 전자레인지에 해동한 후 간편하게 먹을 수 있어요.

'목살 스테이크' 샐러드

433kcal / 면역력UP

Day 2

닭 가슴살과 달리 돼지고기는 지방이 많고 살이 잘 찌게 하는 식품이라는 편견이 있습니다. 우리나라 사람들이 가장 즐겨 먹는 삼겹살은 지방이 많고 칼로리도 높은 것이 사실이지만, 목살은 상대적으로 지방이 적고 담백해서 다이어트 식단에 포함시키기 좋습니다. 목살 칼로리는 100g당 264kcal로 삼겹살이 100g당 330kcal인 것에 비하면 열량이 상대적으로 낮은 편입니다. 또 목살은 리놀레산이 풍부해서 피로를 해소하고 면역력을 강화하며, 필수아미노산이 풍부해서 훌륭한 단백질 공급원이 될 수 있습니다. 목살을 노릇노릇하게 구운 후 갈릭 드레싱을 더해 다양한 채소와 함께 맛있게 즐겨보세요.

난이도 Medium

소요 시간 30분

재료
- 돼지고기 목살 100g
- 마늘 5톨
- 버터 1개(선택)
- 샐러드 채소 50g
- 방울토마토 7개
- 삶은 달걀 1개
- 옥수수 & 올리브 3큰술
- 소금 약간
- 후춧가루 약간
- 올리브유 적당량

드레싱 재료
- 무설탕 플레인 요거트 3큰술
- 마요네즈 1큰술
- 알룰로스 1큰술
- 다진 마늘 ½큰술
- 레몬즙 ½큰술
- 후춧가루 약간

① 목살 양면에 1cm 간격으로 칼집을 냅니다.
② 소금, 후춧가루로 양면에 간을 한 후 약 30분간 재워둡니다.
③ 모든 채소를 흐르는 물에 씻어 채반에 밭쳐 물기를 뺍니다.
④ 분량의 재료로 드레싱을 만듭니다.
⑤ 올리브유를 두른 프라이팬을 중간 불에 올려 목살을 굽습니다.
⑥ 짙은 갈색이 되면 뒤집어줍니다.
⑦ 버터와 통마늘을 ❻에 넣고 3분 정도 더 구운 후 꺼냅니다.
⑧ 구운 목살은 5~10분간 레스팅합니다.
   레스팅(resting)은 말 그대로 고기를 '휴식'시켜, 육즙을 고기 안에 가두는 것 레스팅을 해야 자를 때 육즙이 흘러나오지 않고, 온도가 균일하면서도 전체적으로 촉촉한 고기를 즐길 수 있어요.
⑨ 방울토마토는 반으로 자르고, 삶은 달걀은 1cm 두께로 자릅니다.
⑩ 그릇에 샐러드 채소와 방울토마토, 옥수수 & 올리브를 먼저 담습니다.
⑪ 채소 옆에 구운 목살, 통마늘, 삶은 달걀을 담습니다.
⑫ 드레싱을 부어 완성합니다.

👉 디톡스 포인트

사워크림소스는 고기랑 잘 어울리는 소스지만, 생크림이나 휘핑크림을 넣기 때문에 플레인 요거트를 활용해서 직접 만들면 훨씬 가볍게 먹을 수 있어요.

'트리플 베리' 샐러드

254kcal / 노화방지

피부에 노화가 오는 것처럼 세포도 노화됩니다. 노화된 세포에서는 체내 활성산소에 의한 산화 반응이 일어나 바이러스가 침투하기 쉬운 환경이 조성되고, 그만큼 질병에 노출될 확률이 높아집니다. 항산화는 이런 반응을 억제해 체내 독소를 제거하고 세포가 산화되는 것을 막아주는 것을 뜻합니다. 블루베리는 과일 중에서도 안토시아닌 함량이 가장 높은(포도보다 약 30배 많은 안토시아닌 함유) 강력한 천연 항산화제로, 체내 독소 배출은 물론, 노화 방지, 발암물질 억제, 시력 보호 등에 도움을 줍니다. 이번 챕터에서는 블루베리와 딸기를 주재료로 해서 직접 만든 블루베리 드레싱에 크랜베리 리코타 치즈를 곁들인 트리플 베리 샐러드를 소개할게요.

Day 3

난이도 Easy

소요 시간 15분

재료
- 블루베리 15개
- 어린잎 채소 1팩
- 딸기 8개
- 적양파 ¼개
- 리코타 치즈 30g
- 호두 약간

드레싱 재료
- 블루베리 20개
- 레몬즙 1큰술
- 꿀 1큰술
- 소금 약간

① 채소와 과일은 흐르는 물에 깨끗이 씻은 후 채반에 받쳐 물기를 뺍니다.
② 딸기는 꼭지를 따고 세로로 4등분합니다.
③ 적양파는 얇게 썰어주세요.
④ 분량의 재료로 드레싱을 만듭니다.
  믹서에 모든 드레싱 재료를 넣고 갈아줍니다.
⑤ 그릇에 어린잎 채소를 가장 먼저 올린 후 블루베리와 딸기, 적양파를 올립니다.
⑥ 리코타 치즈와 호두를 뿌리고 드레싱을 부어서 완성합니다.

디톡스 포인트

블루베리는 7~9월이 제철이지만, 냉동실에 얼려두면 항산화 성분이 더 많아지기 때문에 겨울에도 제대로된 영양 성분을 섭취할 수 있어요. 냉동 블루베리를 먹기 1시간 전에 꺼내서 냉장 또는 실온 보관 후 활용하세요.

'오리고기' 단호박찜

417kcal
독소 배출

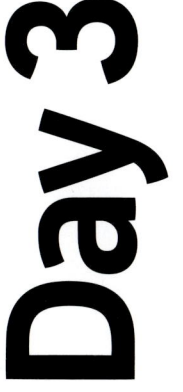

'날개 달린 소'라 불릴 정도로 맛과 영양이 뛰어난 오리고기는 단백질이 풍부하고 불포화지방산 함량이 높아 신진대사를 원활하게 하고 체중 조절에 도움을 줍니다. 또 불포화지방산이 체내 질소를 분해해 독소가 쌓이는 것을 막고 배출되는 것을 도와줍니다. 미식가로 손꼽히는 중국 청나라 서태후도 즐겨 먹었다는 오리고기는 다른 육류에 비해 해로운 기름이 적고, 비타민 A가 풍부해 면역력 증진 및 피부 노화 방지에 좋아요. 이번 챕터에서는 이런 오리고기와 천상의 궁합을 자랑하는 식재료, 단호박으로 디톡스 찜을 해볼 거예요. 단호박에 풍부한 베타카로틴은 몸에 해로운 활성산소를 효과적으로 배출하는 역할을 하는데, 오리고기의 유익한 지방이 단호박의 베타카로틴 흡수율을 극대화하고 디톡스 효과를 배가합니다.

난이도 Hard

소요 시간 30분

재료(2인분)
- 단호박 1통
- 훈제 오리고기 100g
- 마늘 10톨
- 양파 ¼개
- 후춧가루 약간
- 페페론치노 약간
- 슈레드 모차렐라 치즈 약간
- 올리브유 적당량

① 단호박은 껍질째 씻은 후 베이킹 소다를 뿌려 문질러 흐르는 물에 여러 번 헹궈줍니다.
  단호박 껍질에 식이 섬유가 많아 장 건강에 좋아요.
② 씻은 단호박을 전자레인지에 5분 정도 돌려 부드럽게 만들어줍니다.
③ 모든 채소를 씻은 후 채반에 받쳐 물기를 빼주세요.
④ 단호박을 꺼내 약간 식힌 후 꼭지 윗부분을 사각형으로 자르고 속을 깨끗하게 파내 호박 그릇을 만듭니다.
⑤ 끓는 물에 훈제 오리고기를 가볍게 데쳐 기름기를 뺍니다.
⑥ 마늘은 꼭지를 따고 잘라주세요.
⑦ 양파는 길게 채 썰어둡니다.
⑧ 프라이팬에 올리브유를 두르고 마늘과 양파를 볶다가, 훈제 오리를 넣은 후 더 볶아줍니다.
⑨ 후춧가루와 페페론치노로 간합니다.
⑩ 호박 그릇에 볶은 재료를 모두 담습니다.
⑪ 위에 모차렐라 치즈를 뿌린 후 전자레인지에 12분 정도 더 돌립니다.
⑫ 단호박을 위에서 아래로 일정한 크기로 썰어서 펼쳐주세요.

☞ 디톡스 포인트

시중에서 판매하는 훈제 오리고기는 간이 강하기 때문에, 조리 전 끓는 물에 가볍게 데치면 좀 더 담백하고 건강하게 즐길 수 있어요.

1  2  4
5  8  10

'소고기' 안심 버섯 샐러드

268kcal 면역력UP

우리나라 전통 음식인 된장은 콩을 발효시킨 후 소금물을 넣어 숙성한 것으로, 면역력을 증진하는 영양 만점 식품입니다. 전국 100세 이상 장수자를 대상으로 설문 조사를 한 결과, 거의 모든 장수자가 하루 한 끼 이상 된장국을 섭취하는 것으로 밝혀지기도 했어요. 된장은 면역력 증진에 도움이 되는 락토 바실루스 유산균이 풍부할 뿐 아니라, 술, 고기 섭취 또는 스트레스를 통해 몸속에 쌓인 독소를 배출하고 간을 해독하는 역할을 합니다. 또 레시틴이 풍부해 기억력 개선과 치매 예방에 도움을 주며, 당뇨병과 골다공증 예방에도 좋습니다. 이번 챕터에서는 소고기 부위 중 마블링이 적고 단백질 함량이 가장 높은 안심살 구이에 발사믹과 된장이 어우러진 퓨전 드레싱을 곁들인 샐러드를 소개할게요.

Day 4

난이도 Medium

소요 시간 25분

재료
- 소고기 안심 100g
- 마늘 8톨
- 대파 ½단
- 양파 ¼개
- 느타리버섯 ½팩
- 팽이버섯 ½팩
- 새송이버섯 2개
- 파프리카 ¼개
- 당근 ⅙개
- 샐러드 채소 50g
- 블랙 올리브 약간
- 진간장 ½큰술
- 파슬리 가루 약간(선택)
- 소금 약간
- 후춧가루 약간
- 올리브유 적당량

된장 드레싱 재료
- 올리브유 3큰술
- 발사믹 식초 1큰술
- 꿀 1큰술
- 된장 ½큰술

① 소고기 안심은 앞뒤로 소금, 후춧가루를 뿌린 후 10분간 재워둡니다.
② 모든 채소를 흐르는 물에 깨끗이 씻은 후 채반에 받쳐 물기를 뺍니다.
③ 마늘과 파는 잘게 다지고, 양파는 얇게 잘라줍니다.
④ 느타리버섯은 밑동을 자르고 가닥을 손으로 나눠주세요.
⑤ 팽이버섯, 새송이버섯은 밑동을 자르고 1㎝ 두께로 썰어주세요. 파프리카와 당근은 먹기 좋은 크기로 잘라주세요.
⑥ 프라이팬에 올리브유를 두르고 다진 마늘과 파를 볶습니다.
⑦ 마늘과 파가 어느 정도 익으면 간장을 넣습니다.
⑧ ❼에 손질한 버섯, 당근, 양파를 넣고 같이 볶아주세요.
⑨ 볶은 채소는 따로 그릇에 담아둡니다.
⑩ 분량의 재료로 된장 드레싱을 만듭니다.
⑪ 소고기 안심은 기호에 맞게 앞뒤로 구워주세요.
⑫ 물기를 제거한 샐러드 채소와 파프리카를 그릇에 먼저 담습니다.
⑬ 구운 고기와 채소를 올린 후 블랙 올리브와 파슬리 가루를 뿌립니다.
⑭ 된장 드레싱을 부어 완성합니다.

디톡스 포인트

고기를 먹을 때 곁들이는 버섯은 단백질이 풍부하고 열량이 낮아 다이어트에 도움이 될 뿐 아니라, 면역력을 높여주는 대표적인 건강 식품입니다. 고기와 함께 먹으면 포만감이 빨리 느껴지고 영양도 듬뿍 챙길 수 있어요.

1
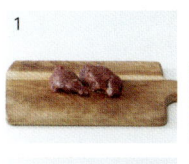

3

4-5

8

11

'라타투이' 샐러드

320kcal
나트륨 배출

'라타투이'는 토마토, 애호박, 가지, 양파 등 다양한 채소를 넣어 만든 프랑스 전통 요리예요. 채소가 주재료인 비건 음식이기 때문에 채식 입문용으로 좋습니다. 라타투이라는 단어를 애니메이션 영화 제목으로 처음 접한 분이 많을 텐데, 영화에서는 고급 레스토랑의 메뉴로 등장하기 때문에 어려운 요리라고 생각할 수도 있을 것 같아요. 하지만 보통 프랑스 가정에서 반찬처럼 쉽게 만드는 요리니, 부담 없이 만들어보셨으면 좋겠어요. 다양한 채소를 넣어 미네랄과 비타민 등 영양소를 듬뿍 챙길 수 있는 식단입니다. 채소만 먹으면 허기질 수 있으니, 통밀 파스타나 빵으로 탄수화물을 보충하세요.

Day 4

난이도 Medium

소요 시간 30분

재료(2인분)
- 토마토소스 200g
- 가지 1개
- 애호박 1개
- 토마토 1개
- 양파 ½개
- 마늘 10톨
- 어린잎 채소 1줌
- 모차렐라 치즈 1줌(선택)
- 소금 약간
- 후춧가루 약간
- 통밀빵 2개
- 올리브유 적당량

① 모든 채소를 흐르는 물에 씻은 후 채반에 받쳐 물기를 뺍니다.
② 가지, 애호박, 토마토는 절반 분량을 밑동을 제거하고 0.5㎝ 두께로 슬라이스합니다.
   너무 두껍게 썰면 잘 안 익을 수 있습니다.
③ 남은 가지, 애호박, 토마토 절반은 사각으로 작게 깍둑썰기 합니다.
④ 양파도 다져주세요.
⑤ 마늘은 꼭지를 제거한 후 편 썰어주세요.
⑥ 올리브유를 두른 팬에 마늘을 볶다가 양파를 넣고 볶습니다.
⑦ 양파가 투명해지면 ❸의 썰어둔 채소를 넣고, 익을 때쯤 토마토소스 100g을 붓습니다.
⑧ 채소와 토마토소스를 잘 섞어서 볶아주세요.
⑨ 오븐에 넣을 그릇에 볶은 채소를 올리고 그 위에 토마토소스 100g을 펴 발라줍니다.
⑩ ❷의 슬라이스한 가지, 애호박, 토마토를 ❾ 위에 순서대로 돌려가며 올려주세요.
⑪ 오븐에 굽는 동안 재료가 타지 않도록 포일로 그릇을 덮습니다.
⑫ 200℃ 오븐에서 20분간 굽습니다.
   익었는지 확인한 후 꺼내세요.
⑬ 풍성한 식감을 원한다면 모차렐라 치즈를 위에 뿌리고 30초만 더 돌립니다(선택).
⑭ 오븐에서 그릇을 꺼낸 후 올리브유를 위에 바르고 소금, 후춧가루를 뿌립니다.
⑮ 어린잎 채소를 중앙에 올리고, 통밀빵을 곁들여 완성합니다.

← 디톡스 포인트

채소를 생으로 섭취해도 좋지만 에어 프라이어에 따뜻하게 구워서 먹으면 단맛이 배가되고, 소화도 더욱 잘됩니다.

Day 5

412kcal / 노화방지

'파프리카' 불고기 샐러드

다이어트를 하다 보면 소고기는 당기는데, 구워 먹기 부담스러울 때가 있죠. 그럴 때 샐러드와 잘 어울리면서 맛도 있는 불고기 샐러드를 만들어 먹으면 어떨까요? 특히 오늘의 메인 채소가 될 파프리카는 식감이 아삭하고 달콤하기까지 해서 소고기와 조합이 매우 좋답니다. 비타민과 무기질이 풍부한 샐러드에 단백질이 풍부한 불고기를 더해 영양 가득한 샐러드를 먹어보세요.

난이도 Medium
소요 시간 40분

재료
- 불고기용 소고기 100g
- 어린잎 채소 1팩
- 양파 ¼개
- 방울토마토 3개
- 빨강·노랑 파프리카 각 ¼개
- 아보카도 ½개
- 올리브유 약간

불고기 양념 재료
- 진간장 2큰술
- 매실액(또는 꿀) 1큰술
- 참기름 1큰술
- 맛술 ½큰술
- 다진 마늘 ½큰술
- 후춧가루 약간

드레싱 재료
- 올리브유 5큰술
- 진간장 2큰술
- 참기름 2큰술
- 다진 마늘 1큰술
- 통깨 1큰술
- 알룰로스 1큰술
- 후춧가루 약간

① 분량의 재료로 양념장을 만들어 소고기를 30분간 재워둡니다.
② 어린잎 채소는 흐르는 물에 씻은 후 채반에 받쳐 물기를 뺍니다.
③ 양파는 얇게 채 썰고, 방울토마토는 꼭지를 제거한 후 반으로 잘라줍니다.
④ 파프리카와 아보카도는 먹기 좋은 크기로 깍둑썰기 합니다.
⑤ 달군 프라이팬에 올리브유를 살짝 두르고 불고기를 볶다가 파프리카와 양파도 함께 볶습니다.
⑥ 분량의 재료로 드레싱을 만듭니다.
⑦ 그릇에 먼저 어린잎 채소를 깔고 아보카도, 방울토마토를 올립니다.
⑧ 불고기, 구운 파프리카와 양파를 올린 후 어린잎 채소에 드레싱을 부어서 완성합니다.

디톡스 포인트

파프리카는 생으로 먹으면 입안에 수분이 가득해지고 아삭아삭한 식감이 매력적이며, 구우면 단맛이 훨씬 강해져 생으로 먹는 것보다 더 편하게 먹을 수 있어요. 취향에 맞게 조리하면 됩니다.

1

3

4

5

6

고소한 '들깨' 두부 불고기 샐러드

361kcal / 혈액순환

Day 5

두부와 불고기만 있으면 간단하게 먹을 수 있는 초간단 샐러드 레시피. 두 재료가 만나면 담백하면서도 든든한 한 끼가 완성됩니다. 불고기의 쫄깃한 식감과 구운 두부의 고소한 맛이 채소와 어우러져 쌈 요리를 먹는 것 같기도 해요. 외국식 드레싱이 아닌 들깨 가루 드레싱이 한식의 고소한 풍미를 더욱 끌어올려줍니다. 여유가 없는 아침에 간단하면서도 든든하게 먹고 싶을 때 추천합니다.

난이도 Easy

소요 시간 15분

재료
- 두부 ¼모
- 불고기용 소고기 150g
- 샐러드 채소 50g
- 소금 약간
- 후춧가루 약간
- 올리브유 적당량

드레싱 재료
- 들깨 가루 2큰술
- 화이트 비니거 1큰술
- 마요네즈 1큰술
- 꿀 1큰술
- 맛술 1큰술
- 물 1큰술
- 소금 약간
- 후춧가루 약간

① 샐러드 채소를 흐르는 물에 씻은 후 채반에 받쳐 물기를 뺍니다.
② 두부는 키친타월로 꾹 눌러 물기를 제거합니다. 그런 다음 1㎝ 두께로 먹기 좋게 썬 후 접시에 올려 전자레인지에 3분 정도 구워서 물기를 더 빼줍니다.
③ 올리브유를 두른 팬에 두부를 앞뒤로 구워 소금, 후춧가루로 간합니다.
④ 두부를 꺼내고 사용한 팬에 그대로 소고기를 굽습니다.
⑤ 샐러드 그릇에 채소를 먼저 담은 후 두부와 불고기를 올립니다.
⑥ 분량의 재료로 만든 드레싱을 부어 완성합니다.

👉 디톡스 포인트

드레싱에 들어가는 들깨 가루는 따뜻한 성질이 있어, 신진대사 및 혈액순환을 촉진하고 면역력을 증진하는 효과가 있어요. 들깨는 산패가 빠르게 진행되므로, 반드시 밀봉한 후 냉장 보관해야 합니다.

1
2

3
4
5

소피'S 다이어트 일기

볼록 튀어나온 뱃살을 완벽하게 없애기 위해서 유산소운동은 필수입니다. 땀 흘릴 정도로 유산소운동을 하면 체지방 감소에 도움을 줄 뿐만 아니라, 장운동을 활발하게 해서 변비 해소에 도움을 줍니다.

다이어트 제로 콜라가 체중 감량에 도움이 될까요? 칼로리가 거의 없기 때문에 일반 콜라에 비해 다이어트에 도움이 되는 건 사실이지만, 제로 콜라에는 설탕 대신 인공 감미료가 첨가되어 있어요. 이는 일부 사람들에게 식욕을 증가시키는 부작용 때문에 과체중의 위험이 있으니, 이 점 참고하세요.

시도 때도 없이 울리는 휴대폰 알림 수시로 울리는 알림 때문에 휴대폰을 자주 들여다보면, SNS에 들어가게 되고, 불필요한 인터넷 쇼핑까지 하게 되는 것 같아요. 이번 주말에는 필요 없는 알림은 꺼두고, 쏟아지는 온라인 정보 홍수에서 벗어나 현재 내 삶에 집중하는 디지털 디톡스를 실천해보세요.

포만감을 느끼려면 위에 음식이 들어가고 20분이 지나야 하는데, 20분도 되지 않아 식사가 끝나버리면 포만감을 느끼는 렙틴 호르몬이 충분히 분비되지 않아, 과식할 수 있어요. 음식을 먹을 때는 최대한 오래 씹는 것이 다이어트에 도움이 됩니다.

체내에 쌓인 독소를 원활하게 배출하기 위해서는 배변 활동이 원활해야 하고, 그러기 위해서는 수시로 물을 마시고, 식이 섬유가 풍부한 음식을 잘 챙겨 먹는 것이 좋아요. 또 운동을 통해 땀을 흘려 독소를 배출하고, 마사지와 스트레칭을 통해 림프 순환을 해주는 게 중요합니다.

아침에 일어나서 공복에 따뜻한 레몬물을 먹는 습관을 들여보세요. 레몬은 독소와 박테리아를 제거하는 비타민 C 함량이 높고, 구연산이 풍부해 피로 물질인 젖산을 줄이며, 신진대사를 활발하게 해줍니다.

배를 따뜻하게 해주는 복부 마사지는 혈액순환을 원활하게 해주는 효과가 있어요. 잠자기 전 배 위에 양손을 겹쳐놓고 손바닥에 힘을 주어 배를 위아래로 마사지하면 장기에 자극을 주며, 배 주변이 따뜻해지면서 혈액순환이 원활해집니다. 배꼽을 중심으로 둥글게 원을 그리듯 누르고 옆구리도 눌러주세요.

매일 같은 시간에 자고 일어나는 습관을 들이면, 보다 질 좋은 수면을 취할 수 있습니다. 말 그대로 잠은 보약입니다. 잠을 충분히 자야 몸이 회복하며 에너지를 얻고 삶의 질이 높아집니다.

저는 평소에 잘게 자른 팽이버섯을 냉동실에 넣어놓았다가 고기 구워 먹을 때 혹은 찌개 끓일 때 굽거나 같이 끓여서 다양하게 활용하고 있어요. 다이어트할 때 식이 섬유를 충분히 섭취하는 게 중요한데, 채소를 손쉽게 준비할 수 있어야 수시로 먹게 되는 것 같아요.

 # 숨을 제대로 쉬는 것만으로도 일상에서 디톡스를 실천할 수 있어요. 호흡을 짧게 하는 것이 아니라, 길고 천천히 숨 쉬면 한번에 배출되는 독소 양이 많아집니다. 가슴을 열고 허리를 세운 상태에서 숨을 마시고, 내쉴 때는 마지막 숨까지 끝까지 내뱉어주세요.

 # 생채소는 비타민과 미네랄을 파괴하지 않고 섭취할 수 있지만, 대부분이 수분으로 이루어져 한번에 많은 양을 먹을 수 없다는 단점이 있습니다. 반면 데치거나 볶은 채소는 지용성비타민 흡수율이 높고 많이 먹을 수 있지만, 종류에 따라 비타민, 엽산 등 주요 성분을 섭취하지 못하는 것이 단점이에요. 생채소, 조리한 채소 모두 장단점이 있으니, 식단 구성 시 밸런스를 맞춰 먹는 것이 좋습니다.

 # 내장 지방이 축적되는 것은 과도한 음식 섭취, 운동 부족, 수면 부족, 스트레스 때문이에요. 특히 나이가 들수록 근육이 자연스레 빠지고 기초대사량이 줄어들기 때문에 뱃살이 더욱 쉽게 찌죠. 뱃살이 고민이라면, 적절한 식이 조절과 꾸준한 운동이 필수입니다.

 # 다이어트할 때 먹고 싶은 걸 무작정 참는 것보다 맛있게 먹으면서 다이어트할 수 있는 대체식을 잘 찾아보는 것이 정신 건강에 좋습니다. 그뿐 아니라 요요 없이 지속할 수 있는 다이어트를 할 수 있는 비결이기도 합니다.

 # 파스타를 부담 없이 먹고 싶을 때 시중에서 판매하는 다이어트 면을 구매해서 간편하게 조리해보세요. 두부 면, 미역 면, 다시마 면, 곤약 면, 식단 면 등 생각보다 다양한 제품이 있어 취향대로 고를 수 있어요. 조리법도 정말 간단해서 '귀찮러'에게 추천합니다.

 # 아침에 일어나자마자 스트레칭하는 습관을 길러보세요. 바로 일어나는 것보다 밤새 굳었던 근육을 이완해주면 혈액과 림프 순환이 촉진되어 체내 노폐물 배출을 원활하게 해줍니다.

 # 다이어트 좀 한다는 분들이라면 알 만한 스리라차소스는 0kcal(5g 기준)로 표기되어 부담 없이 접근할 수 있는 드레싱 중 하나죠. 하지만 5g 미만 함량을 0kcal로 표기할 수 있기 때문에 1통이 절대 0kcal가 아니라는 사실, 기억하세요.

 # 관자놀이나 미간을 가볍게 눌러주면 행복 호르몬인 세로토닌의 분비가 원활해져 식욕이 억제된다고 해요. 이마, 귀, 발 등을 마사지해도 효과가 있다고 하니, 일상에서 생각날 때마다 시도해보세요.

다이어트에 성공하기 위해서는 칼로리가 중요한 게 아니라, 어떤 영양 성분을 먹는지가 중요해요. 예를 들어 흰쌀밥 vs 잡곡밥+나물을 단순 비교해봤을 때 칼로리는 후자가 높지만, 다이어트에 훨씬 이롭습니다. 잡곡밥은 복합 탄수화물로 혈당이 올라가는 속도를 늦춰주고, 나물에 풍부한 섬유질이 당분의 흡수를 지연시킵니다. 반면 흰쌀밥은 살이 찌게 하는 단순당으로 이루어져 섭취 후 혈당이 금방 올라갑니다. 이처럼 다이어터라면 칼로리만 따져볼 것이 아니라 섭취하는 음식의 영양 성분을 관심 있게 살펴보는 습관을 기르는 것이 좋습니다.

다이어트를 한다면, 너무 짜고 매운 음식은 되도록 피하세요. 이러한 자극적인 음식은 삼투압 현상으로 세포의 수분이 혈액으로 빠져나가게 하고, 이는 흔히 말하는 부종의 원인이 된답니다. 저는 어릴 때부터 어머니의 영향으로 간을 최대한 줄이고, 담백하게 먹는 것이 자연스럽게 느껴집니다. 그래서인지 외식이나 배달 음식이 너무 자극적이어서 직접 만들어 건강하게 먹는 게 좋더라고요. 여러분도 오늘부터 자극적인 음식을 의식적으로 줄이는 연습을 해보세요.

렌틸콩은 다른 콩보다 생소한 잡곡일 수 있지만, 활용법이 다양하니 소량 구매해서 수시로 먹어보세요. 레시피처럼 샐러드에 곁들여도 좋고, 미리 1~2시간 물에 불려놨다가 밥할 때 같이 섞어도 좋아요. 그리고 된장찌개나 카레, 죽에 넣어 먹어도 훨씬 고소하게 즐길 수 있습니다.

글로벌 모델 미란다 커가 하루 10분 몸매 관리를 위해 한다고 밝힌 '보디 브러싱'은 길쭉한 브러시로 온몸 구석구석을 쓸어 내리는 마사지예요. 샤워 전 물기가 없는 상태에서 피부를 쓸어내듯 닦아주는 것만으로도 체온을 높이고 막힌 림프를 뚫어서 혈액순환을 촉진한다고 해요. 피부 겉면에 쌓인 각질과 모공을 제거해서 매끄럽고 탄력적인 피부를 만들어주기까지 한다니 안 하면 손해!

식단을 관리하다 보면 따뜻한 밥 한 끼 제대로 먹고 싶을 때가 있죠. 하지만 탄수화물이 두렵다면 백미 대신 곤약, 현미, 키노아 등으로 지은 밥을 먹어보세요. 식이 섬유가 풍부해서 적은 양으로도 포만감이 빨리 느껴지고, 백미보다 혈당 지수와 칼로리가 낮아요.

쓰레기 조명이라고 불리는 '청색광'은 우리 주변에서 쉽게 찾을 수 있어요. 휴대폰, 컴퓨터, TV에서 나오는 인공적인 청색광에 대한 노출을 줄이려고 노력해보세요. 낮에 자연에서 받은 햇빛은 행복 호르몬 분비를 촉진하고 집중력을 향상시키지만, 특히 밤에 노출되는 인공적인 청색광은 숙면을 방해하고 노화를 촉진할 뿐 아니라, 몸 전체 대사를 저하하고 염증을 일으킵니다.

혈관 다이어트를 위해서는 밥, 떡, 면 같은 탄수화물 섭취를 줄여야 합니다. 우리 몸은 쓰고 남은 탄수화물을 중성지방으로 전환시키고, 이는 혈관에 축적되는데, 이것이 고지혈증, 고혈압을 유발할 수 있어요. 특히 한국인은 주식이 밥이기 때문에 한 끼당 섭취하는 탄수화물 비중이 전체 영양소의 약 70%에 달한다고 합니다. 오늘부터라도 탄수화물은 줄이고, 단백질 섭취를 늘려 혈관 건강을 지키세요.

 # 탄산음료 대신 레몬물을 먹는 습관을 들여보세요. 다이어트에 도움이 될 뿐 아니라, 소화 기관의 독소를 제거해 깨끗하고 윤기 있는 피부로 가꿔줍니다.

 # 내 피부에 직접 닿는 속옷부터 일상에서 쓰는 치약, 화장품 등 위생품을 천연 제품으로 서서히 바꿔보세요. 알게 모르게 화학성분, 인공향에 무의식적으로 노출되는 경우가 많답니다.

 # 운동을 많이 하면 혈관과 림프절이 활성화되어 체내에 쌓인 노폐물과 독소를 원활하게 배출할 수 있습니다. 디톡스는 식단으로만 이루어지는 것이 아니기 때문에, 일상에서 운동도 꾸준히 하는 것, 잊지 마세요.

 # 샤워 후 몸이 따뜻해진 상태에서 겨드랑이, 사타구니, 어깨 등을 부드럽게 마사지해보세요. 마사지는 림프계 순환을 촉진해 체내 노폐물을 배출할 뿐 아니라, 면역력도 향상시킵니다.

 # 잠을 충분히 자지 않으면 스트레스가 증가하고, 식욕을 억제하지 못해 야식, 과식 등 나쁜 식습관의 길로 빠지기 쉬운 것 같아요. 그래서 저는 항상 같은 시각에 자고 일어나려고 노력하는데, 이 습관 덕분에 깊은 잠을 자는 데 많은 도움을 받고 있어요.

 # 다이어트를 위해 식단을 조절할 때, 간식을 참다 참다 야식이나 과식으로 분출된 경험, 한 번쯤은 해보셨을 거예요. 저는 입 터짐을 사전에 방지하기 위해서 건강 간식을 항상 구비해둡니다. 병아리콩 과자, 포두부 구이 등 간단한 간식을 집에서 직접 만들기도 하고, 통밀 스낵이나 단백질 초코볼 같은 다이어트 간식을 사두기도 해요.

 # 행복 호르몬이라고 불리는 세로토닌은 기분뿐 아니라 식욕과 수면에도 많은 영향을 미칩니다. 비타민 D가 부족하면 세로토닌이 감소해 우울감을 유발할 수 있고, 이 우울감이 식욕을 자극할 수 있다고 해요. 하루 30분 이상 햇빛을 쬐며 걸으면 비타민 D와 함께 세로토닌 분비가 왕성해진다고 하니, 여유가 없더라도 하루 30분은 햇빛을 쬐며 산책해보세요.

 # 과일은 언제 섭취하느냐에 따라 다이어트에 약이 될 수도, 독이 될 수도 있어요. 식사 후 바로 과일을 먹으면 탄수화물이 과다 공급되어 여분의 탄수화물이 지방으로 전환됩니다. 밥, 빵, 떡 등 다른 탄수화물을 섭취하지 않았을 때 아침 식사 대신 과일을 섭취하거나, 식사하고 2시간 정도 지난 후, 혈당이 떨어지면 간식으로 섭취하세요.

 # 식이 섬유는 장에서 수분을 흡수하면서 부피가 늘어나고, 음식의 소화를 늦춰줍니다. 똑같은 양이어도 식이 섬유가 풍부한 음식을 먹으면 포만감을 느끼는 이유가 바로 이 때문입니다. 평소에도 식이 섬유가 풍부한 음식을 자주 섭취하도록 노력해보세요.

'저탄고지 다이어트'라 불리는 키토식은 탄수화물을 적게 먹고, 지방을 많이 섭취하는 식단입니다. 저탄고지 식단은 대략 탄수화물 10%, 단백질 20%, 지방 70%로 식단을 구성합니다. 밥, 빵, 밀가루 등 탄수화물은 끊을 수 있는데, 고기, 치즈, 버터 같은 지방류를 못 끊겠다면 키토식에 관심을 가져보는 것도 좋을 것 같아요.

성인이 하루 배출하는 수분은 땀과 소변을 포함해서 2.4ℓ가량 되기 때문에, 하루 최소 2.4ℓ의 수분을 섭취해야 해요. 음식으로 섭취하는 수분을 제외하면 약 1.5ℓ는 물로 섭취해야 하는데, 이는 7~8컵 정도 됩니다. 물은 같은 양을 마시더라도 한꺼번에 벌컥벌컥 마시는 것보다 여러 번 나누어 자주 섭취하는 것이 좋아요.

다이어트를 할 때 무조건 닭 가슴살만 고집하다 보면, 매끼 식단을 지키는 것이 힘들고, 건강하게 다이어트를 지속하기 힘들어지죠. 살을 뺀다고 무조건 참는 것이 아니라, 탄단지 영양소를 현명하게 채우는 연습을 하다 보면 자기도 모르는 사이 식습관이 건강하게 바뀌어 있을 거예요.

과일을 적당량만 먹는다면 다이어트에 나쁜 영향을 주지 않고 비타민, 미네랄 등의 영양소를 보충할 수 있는 방법이 됩니다. 제철에 나는 신선한 과일을 적당량 섭취하고, 한 종류만 먹기보다는 다양한 컬러의 과일을 챙겨 먹는 것이 좋습니다. 특히 베리류는 항산화 성분이 풍부하고 체내 염증 및 유해 산소를 제거하는 역할을 하기 때문에 더욱 추천합니다.

디톡스를 한다고 단기적으로 몸에 무리가 가는 운동과 식단을 하면 오히려 독이 될 수 있어요. 근본적인 생활 습관과 마음가짐이 변화되어야 의미 있는 성과를 거둘 수 있습니다. 건강한 습관이 쌓이면 피부, 머리카락, 손톱에서부터 변화가 보일 거예요.

식사를 할 때 탄수화물이 아닌 채소를 먼저 먹는 습관을 들이세요. 탄수화물은 100% 혈당을 높이지만, 식이 섬유가 풍부한 채소는 위장관에서 소화 흡수 속도를 늦추기 때문에 혈당 스파이크를 막아줍니다. 뷔페에 가도 볶음밥이나 고기보다는 샐러드 먼저!

끼니를 거르거나 배가 너무 고픈 상태에서 식사를 하면 과식할 위험이 있어요. 과식을 자주 하면 기초대사량이 떨어지고, 같은 양의 음식을 먹어도 남은 에너지가 지방으로 축적될 확률이 높아집니다. 건강한 다이어트는 굶는 게 아니라 매끼 제때, 양질의 영양소를 골고루 먹는 습관을 들이는 것이라는 사실, 잊지 마세요.

몸속에 천천히 퍼지면서 건강을 망치는 만성 염증이 생기는 이유는 내장 지방이 몸에 쌓이고, 혈액 속에 당이 많기 때문입니다. 또 운동을 잘 하지 않거나, 식사를 적게 해도 체내 신진대사가 떨어져 염증이 생깁니다. 항산화 성분이 있는 양파, 베리류를 먹고 규칙적인 운동과 건강한 식단을 꾸준히 실천해야 염증을 예방할 수 있어요.

63kg에서 48kg으로 임신 전 몸매로 돌아오기까지

바람 빠진 풍선처럼 쭈글쭈글 탄력이 없는 배를 볼 때마다
'다시 예전처럼 돌아갈 수 있을까?'라는 생각이 들었어요.
다이어트, 몸매 관리로 많은 사람과 소통하는
운동 크리에이터이기에 조급함이 더 심했던 것 같아요.

모유 수유가 끝나면 임신과 수유 기간 먹지 못했던
자극적인 음식이 당기기도 하는데,
그런 유혹이 들 때마다 제 배를 보며 마음을 다잡았습니다.
그렇게 운동+디톡스 식단+간헐적 단식을 꾸준히 했더니
2개월 만에 임신 전 몸무게까지 감량했고
(63kg → 48kg, 15kg 감량)
3개월이 되자 원래 몸매로 완벽하게 돌아갈 수 있었어요.

〈프롤로그 내용 중〉

MEMO